KB076286

리더의 말습관

뉴 리더의 시대,
지시하지 말고 요청하라

리더의 말습관

이인우 지음

천그루숲

머리말

영국 역사상 가장 오랫동안 왕위에 올랐던 엘리자베스 2세의 아버지 조지 6세는 말을 더듬었다. 형인 에드워드 8세가 미국인 이혼녀와 결혼하기 위해 왕위를 스스로 포기하자 동생인 조지 6세가 왕위에 올랐다. 그런데 당시 1930년대 영국은 달변가인 히틀러에 대항할 만한 강력한 리더가 필요했다.

조지 6세는 언어 치료사인 라이오넬 로그의 도움으로 더듬거리는 말습관을 극복하고 라디오 앞에서 첫 대국민 연설을 성공적으로 해냈다. 바로 '전쟁을 피할 수 없다면 싸워서 이겨야 한다'는 내용이었다. 조지 6세는 언변이 유창한 왕은 아니었지만, 그의 한마디 한마디에서 국민들은 진정성을 느꼈다. 그는 전쟁 중에도 런던을 떠나지 않고 국민들 곁을 지키는 리더십으로 사랑과 존경을 받는 왕이 되었다.

이 책에서는 유창하게 말하는 법을 알려주지는 않는다. 말의 유창함보다 리더의 역할과 임무를 다하는 데 필요한 리더십을 뒷받침할 수 있는 좋은 말습관에 대해 이야기하고자 한다. 조지 6세의 사례처럼 유창하게 말하지 못하더라도 말에서 드러난 진정성은 상대방의 마음을 움직이기 때문이다.

유창하게 말하는 것보다 우선해야 할 것은 긍정적이고 진정성 있는 말습관이다. 유창하게 말하는 기술과 화법은 그다음이다. 유창한 화술보다 좋은 말습관으로 리더십을 발휘해야 성과를 낼 수 있다.

이 책은 크게 3개의 파트로 구성되어 있다. Part 1에서는 리더들에게 꼭 필요한 긍정적인 말습관을 설명한다. 이를 통해 일이 술술 풀리고 인간관계를 좋게 만드는 소통의 말습관을 알아보자. Part 2에서는 좋은 말습관을 위한 7가지 방법을 제시한다. 다양한 예시와 함께 긍정적인 말습관을 가질 수 있도록 현장감 있게 설명한다.

Part 3에서는 직장과 가정, 그리고 친구와 지인과의 관계에서 어떻게 대화해야 하는지를 정리했다. 리더라는 자리는 조직에서도 말에 무게가 실리고, 개인의 삶에서도 부모이자 자식으로서 중요한 위치에 있다. 그래서 리더의 좋은 말습관은 직장생활과 개인의 삶에도 큰 영향을 준다.

마지막으로 에필로그에서는 40대 리더들이 끊임없는 자기계발을 통해 전문성을 높여 불확실한 시대에 철저히 대비할 수 있도록 당부의 말을 담았다. 아무쪼록 많은 리더들이 좋은 말습관을 익혀 현재와 미래를 지혜롭게 준비하기 바란다.

이인우 드림

차례

2장
좋은 관계를 만드는 말습관

Part 2
좋은 말습관을 위한 7가지 방법

Part 3

직장, 가정, 모임에서 말습관

1장
직장에서 말습관

2장
가정에서 말습관

3장
모임에서 말습관

에필로그
40대 리더가 준비해야 할 것

Part
1

리더의
긍정적인
말습관

"

1장

일이 술술 풀리는 소통의 말습관

"

소통은 기본이다

누구나 지금 하고 있는 일이 잘되기를 바란다. 원하는 대로 이루어지면 행복하고, 앞으로도 잘될 것이라는 희망을 가진다.

그럼 일이 잘되게 하려면 어떤 것들이 필요할까? 함께 일할 사람도 있어야 하고 계획도 세워야 하며 자금도 필요하고 운(運)도 따라야 한다. 하지만 일이 잘되기 위해서는 무엇보다 소통이 잘되어야 한다. 소통이 잘되면 내가 원하는 바를 상대방에게 효과적으로 전달할 수 있고, 의견 차이가 있어도 쉽게 줄여나갈 수 있으며, 다른 사람의 도움이 필요할 때 어렵지 않게 협조를 끌어낼 수 있다.

소통을 잘하는 사람들의 특징))

주위에서 소통을 잘하는 사람들을 떠올려보면 몇 가지 공통점을 발견할 수 있다.

첫째, 잘 들어준다. 상대방의 말을 관심 있게 들어주고, 상대방의 말이 끝날 때까지 기다려준다. 경청은 '기울 경(傾)' '들을 청(聽)' 자를 쓴다. '기울 경(傾)'은 '사람 인(人)'과 '비수 비(匕)' '머리 혈(頁)'로 구성되어 있다. 사람의 말이 비수처럼 빨리 지나가니 머리를 기울여서 들으라는 의미다. '들을 청(聽)'은 '귀 이(耳)' '눈 목(目)' '마음 심(心)'으로 구성되어 있다. 귀와 눈과 마음으로 들으라는 의미다. 이 3가지에 유념해서 상대의 말을 들어보자. 당신이 잘 들어주면 상대방은 더욱 신이 나서 이야기한다. 호기심과 관심만 가지고 있다면 상대방에게 충분히 경청하는 모습을 보여줄 수 있다.

둘째, 명확하고 간결하게 이야기한다. 소통을 잘하는 사람의 말은 무슨 이야기인지 머릿속에 쉽게 그려진다. 무엇을 말하고자 하는지 명확하고 간결하게 설명하기 때문이다. 상대가 어떤 이야기를 하고 싶은지 이해되지 않고 답답하다면 간결하게 말하지 못하는 것이다. 중언부언(重言復言)해서는 일이 잘되게 할

傾 聽

기울 경   들을 청

수 없다.

　셋째, 비언어적 소통을 잘한다. 방송인 이금희 씨는 사람들의 말을 잘 들어준다. 상대의 이야기를 듣고 있는 그녀의 모습을 보면 시종일관 눈을 맞추고 가끔 고개를 끄덕이거나 과하지 않게 박수를 치며 공감한다. 말할 때와 들을 때의 표정이 조금씩 다른데, 비언어적 소통을 구사하는 것이다.

　넷째, 생각과 태도가 유연하다. 그럴 수도 있다는 식으로 어느 한쪽에 쏠리지 않고 균형을 유지한다. 상대가 정치나 종교적인 이야기를 하더라도 일방적인 방향으로 몰아가지 않는다. 자신의 생각이나 의견이 옳다고 주장하는 사람들은 생각이 유연하지 못한 것이다.

다섯째, 긍정적인 모습을 가지고 있다. 상대방의 말에 '안 된다' '불가하다'는 반응을 보인다면 상대가 이야기를 계속 이어가기 어렵다. 긍정적인 태도를 가진 사람은 긍정적인 말로 받아주면서 문제를 해결할 방법을 찾으려고 한다. 문제 해결을 위한 브레인스토밍을 할 때 한 가지 규칙은 상대방의 의견을 지적하지 않는 것이다.

여섯째, 공감하는 태도를 보여준다. 공감은 상대방이 어떤 기분인지 어떤 상황인지 알려고 하는 것이다. 공감을 잘하는 사람은 상대방이 더 많이 더 적극적으로 표현하도록 호응해 준다. 무조건 동의한다고 해서 공감하는 것은 아니다. '당신을 이해할 수 있어요' '당신의 입장이 어떤지 알 수 있습니다'라고 적절하게 반응해 주는 것이 공감이다.

다 잘하지 않아도 괜찮다)))

사회적으로 성공한 전문경영인들은 대부분 소통을 잘한다. 그 위치에 올라가기까지 많은 사람들과 소통하면서 내공을 다진다. 소통을 잘하기 위한 조건을 모두 갖추면 좋겠지만, 한두 가지 방법만으로도 소통을 잘할 수 있다.

영자 신문인 〈코리아헤럴드〉에서 소통을 잘하는 연예인으로 가수 싸이와 유재석, 김병만을 소개한 적이 있다. 세 사람 모두 각각의 소통 방법이 있었다. 싸이는 좀 더 웃기게, 좀 더 똘끼 있게, 그리고 남녀노소 모두와 소통하려고 한다. 유재석은 경청과 배려를 잘하는 사람으로 꼽았는데, 특히 후배들의 말을 잘 들어주는 것으로 유명하다. 김병만은 유재석, 강호동, 신동엽처럼 말을 유창하게 잘하지는 못하지만 주위 사람들의 행동을 지적하기보다 긍정적으로 대하는 모습이 시청자들에게 편안함을 주었다. 김병만 나름의 소통 방법이 있는 것이다. 이렇듯 모두 다 잘하지 못해도 내가 잘하는 한두 가지 방법으로 얼마든지 소통을 잘할 수 있다.

미래를 보여주고 동기부여를 하는 말습관

일이 잘되게 하려면 구성원들에게 현재가 아닌 미래의 모습을 보여주어야 한다. 목표로 하는 미래의 모습을 위해 현재 어떤 일을 해야 하는지 알려주는 것이다. 이러한 과정에서 리더는 미래를 설계하고 동기부여하는 역할을 한다.

리더는 구름 뒤의 태양을 본다

구성원들은 리더의 설명을 듣고 머릿속으로 미래의 모습을 그린다. 마치 꿈에 그리던 아파트를 분양받으러 가는 사람들이

분양사무실 앞에 그려진 조감도를 보면서 그 집에 사는 자신의 모습을 그리는 것과 같다. 이처럼 미래의 시점에 달성하고자 하는 목표를 조직에서는 비전(vision)이라고 하며, 리더는 구성원들이 조직의 비전을 머릿속에 구체적으로 그릴 수 있도록 명확하게 설명해야 한다. 그렇지 못하다면 리더 자신이 비전이 무엇인지 모르거나 비전을 확신하지 못하는 것이다. 그래서 리더는 항상 조직의 비전에 대해 더 많이 생각하고 구체적이고 간결하게 설명할 수 있도록 준비하고 있어야 한다.

비전은 리더의 말에 고스란히 드러난다. 예를 들어 '매출 1,000억 달성'은 구체적인 비전이라고 할 수 없다. 매출 1,000억 원을 달성했을 때 우리가 시장에서 어느 위치에 있을지, 경쟁회사 대비 어떻게 변화될지, 제품이나 서비스는 어떻게 발전할지, 그로 인해 우리의 조직은 얼마나 성장할지, 구성원 개개인에게는 어떤 변화가 있을지 등을 건축물의 조감도처럼 전체적으로 조망해서 설명해야 한다. 그러면 리더의 말에는 자연스럽게 힘이 생긴다.

또한 리더는 구성원들에게 동기부여를 할 수 있어야 한다. 동기부여란 하고 싶은 의욕을 불러일으켜 행동하게 하는 것이다. 구성원들이 동기부여가 되지 않는다면 조직은 공동의 목표를 달성하기 어려울 것이다. 그래서 리더의 역할이 중요하다.

구성원들이 구름을 볼 때 리더는 구름 뒤의 태양을 볼 수 있어야 한다. 구름이 문제점이고 불가능이라면, 태양은 달성한 상태이고 성공한 모습이다. 구성원들이 조직이나 사업의 상황이 어렵다며 목표 달성이 불가능하다고 말할 때 리더는 위기를 극복하자고 설득하며 구성원들의 행동을 하나로 모아야 한다. 위기를 기회로 바꾸면 구름이 걷히고 태양이 보인다. 구성원들이 문제를 보며 걱정하더라도 리더는 문제를 해결한 이후의 모습을 자세히 설명하며 적극적으로 행동하도록 동기부여를 해야 한다.

동기부여를 하는 2가지 방법))))

동기부여를 하는 방법에는 두 가지가 있다. 외재적 동기부여(extrinsic motivation)와 내재적 동기부여(intrinsic motivation)이다.

외재적 동기부여는 보상 등 외부로부터 주어지는 이득이나 강제성을 띠는 것을 말한다. 한 달 일하고 받는 월급, 좋은 성과를 냈을 때 주어지는 급여 외의 인센티브, 근무조건을 포함한 회사의 규칙을 지켜야 하는 것도 외재적 동기부여에 해당한다.

내재적 동기부여는 무언가를 수행하면서 느끼는 즐거움이나 성취감처럼 과정 자체가 보상으로 느껴지는 것이다. 외부로부터 주어지는 보상이나 강제성으로 행동하는 것이 아니라 스스로의 활동 자체에서 긍정적인 감정을 느끼고 행동하는 것이다.

두 가지 동기부여 중에 내재적 동기부여가 더 강력하고 지속적으로 영향을 미친다. 따라서 리더는 내재적 동기부여를 집중적으로 끌어올려야 한다. 그러기 위해서는 구성원이 어떤 업무에 관심이 있고 어떤 역량을 가졌는지, 업무를 수행하는 과정에서 만족감을 느끼고 있는지를 알아야 한다. 내재적 동기부여가 지속적으로 일어나는 조직과 개인은 잘될 수밖에 없다.

일이 잘되게 하는
긍정의 말습관

긍정심리학의 대가 마틴 셀리그만 교수는 '사람의 감정 중 95%는 어떤 일이 벌어졌을 때 어떻게 받아들이는지에 따라 달라진다'고 한다. 말습관도 마찬가지다. 긍정적인 생각을 가지고 긍정적인 말을 하는 사람은 좋은 성과를 얻게 마련이다.

컵에 물이 절반이나 남아 있다))

평소에 긍정적으로 말하는 사람이 있는가 하면, 부정적인 말습관을 가진 사람도 있다. 이들은 같은 것을 보고도 전혀 다르게 표현한다. 물이 절반만 채워진 컵을 보고 '컵에 물이 절반이나 남아 있다'라고 표현하는 사람이 있는가 하면, '컵에 물이 절반밖에 없다'라고 말하는 사람이 있다.

긍정적인 말을 하는 사람 옆에 있으면 주변이 밝고 좋은 에너지로 가득 찬다. 항상 웃는 이들과 함께 있으면 행복하고 힘이 난다. 다른 사람들과 잘 어울리면서 소통하고 좋은 관계를 만들어나간다. 부정적인 말을 하는 사람의 주변은 어둡고 우울한 기운이 돈다. 항상 얼굴을 찡그리고 화를 잘 내는 이들과 함께 있으면 왠지 불편하고 불안하다.

회사에서 또는 일상생활에서 긍정적인 말습관과 부정적인 말습관은 어떻게 다른지 비교해 보자. 당신은 평소에 어떤 말을 주로 사용하는가?

[회사에서의 말습관]

긍정적인 말습관	부정적인 말습관
해보자! 할 수 있어.	딱 봐도 안 되겠는걸.
제가 해보겠습니다.	왜 나한테만 시켜요?
조금만 더 하면 목표를 달성할 수 있습니다.	좀 더 한다고 해서 뭐가 달라지겠어?
이번엔 더 잘해 보자.	또 이렇게 되었네!

지난번에 잘해 냈으니 이번에도 할 수 있어.	또 이런 식으로 일이 오네!
같이 팀을 짜서 해보자.	차라리 혼자 하는 게 나아.
도와드릴 것이 있나요?	혼자 잘해 보세요.
그럴 수 있겠네요.	짜증 나, 망쳤어.
오늘보다 내일은 더 좋을 거야.	내일이라고 별반 다를 게 있겠어?
결과가 좋을 거야.	결과는 뻔해.

[일상생활에서의 말습관]

긍정적인 말습관	부정적인 말습관
당신 잘하고 있어.	당신은 왜 그 모양이야?
내가 복이 많아.	전생에 무슨 죄를 지었길래.
당신이 최고야.	다른 집 아내(남편)들 봤어?
이것으로 만족해.	이거 가지고는 부족해.
열심히 했으니 그걸로 됐어.	옆집 애들 좀 보고 배워라.
시험 치르느라 수고했어.	열심히 안 하니 그런 거지!
계획이 좋은 것 같아.	항상 말로만 저런다.
넌 특별한 아이란다.	넌 도대체 누굴 닮은 거니?
더 잘될 거야.	지금이 중요하지, 뭐.
좋아질 것 같아.	두고 보자고.

긍정적인 사람들의 인사말))

긍정적인 말습관을 지닌 사람들이 평소에 주로 쓰는 인사말
은 어떤 것일까? 그들은 처음 만났을 때 건네는 인사말도 긍정
적이다.

> "안녕하세요. 반갑습니다."
>
> "대단히 감사합니다."
>
> "그 정도면 충분히 잘하셨어요."
>
> "네, 괜찮습니다. 이 정도 가지고 뭘요."
>
> "꼭 힘내세요."
>
> "언제나 행복하세요."
>
> "사랑합니다."
>
> "축하드립니다."
>
> "이제부터 잘될 거예요."
>
> "어떻게 도와드릴까요?"

당신은 이러한 인사말을 하루에 몇 번이나 사용하는가? 결코
어려운 말이 아니다. 이렇게 인사하면 주변 사람들은 당신을 긍

정적인 사람으로 여길 것이다. 그리고 스스로 긍정적인 생각과
행동을 하게 된다.

긍정적인 말의 힘))

긍정적인 말은 위기의 상황에서도 주위 사람들을 살린다. 남
극 대륙에서 조난을 당했던 27명의 대원들이 모두 생존해서 살
아 돌아온 사례가 있다. 어니스트 헨리 섀클턴의 이야기다.

섀클턴은 1874년 아일랜드에서 태어나 1890년대에 영국 해
군에 입대했다. 해군에서 복무하는 동안 남극 탐험에 대한 관
심을 키웠고, 1901년부터 1904년까지 로버트 스콧이 이끄는
남극 탐험에 참가했다. 여기에서 섀클턴은 남극점에 도달하
지는 못했지만, 내륙 탐험에 성공했다.
1914년, 드디어 섀클턴은 인듀어런스호를 이끌고 남극으로
향했다. 하지만 인듀어런스호는 남극해에서 빙하에 갇혀 표
류하게 되었고, 1915년 11월에 좌초되었다. 섀클턴과 그의
대원들은 남극 대륙에서 고군분투하다 1916년 8월에 에콰도
르의 갈라파고스섬에 도착했다. 그리고 영국으로 귀환했을

때는 영웅으로 환영받았다.

새클턴과 그의 대원들은 무려 2년 동안 얼음과 바람, 추위, 그리고 식량 부족에 시달렸다. 하지만 새클턴은 항상 긍정적인 태도를 유지하며, 대원들을 지휘하여 모두 무사히 귀환할 수 있었다. 새클턴의 남극 탐험은 극지 탐험 역사상 가장 위대한 모험 중 하나로 여겨지며, 그의 리더십과 용기는 전 세계 사람들에게 영감을 주었다. 다음은 새클턴이 대원들을 살린 긍정적인 말이다.

"남극에 도달하는 것이 아니라 살아남는 것이 중요하다."

"우리는 무엇이든 할 수 있다."

"결국 우리는 집으로 돌아갈 것이다."

"희망은 가장 강력한 힘이다."

"긍정적인 태도가 모든 것을 바꿀 수 있다."

"우리가 믿는다면 무엇이든 가능하다."

새클턴 외에도 긍정의 말습관을 강조한 사람들은 많다. 윈스턴 처칠은 "어둠이 가장 깊을 때 새벽이 가장 가까이 온다"고 했고, 오프라 윈프리는 "당신이 누구인지, 어디서 왔는지, 당신의 과거가 무엇이든 상관없이 당신이 원하는 모든 것을 이룰 수 있다"고 말했다.

일상에서 긍정의 말습관을 익히면 긍정적인 방향으로 행동하게 된다. 긍정적인 말은 우리 모두에게 큰 영감과 희망을 준다. 또 긍정적인 말은 자신과 주변 사람들에게 행복과 자신감을 전해 줄 뿐만 아니라, 어려운 상황에서도 우리를 격려해 준다. 긍정적인 말습관을 익히면 일이 더 잘 풀리고, 비즈니스도 성공으로 이끌 수 있다.

일을 해결하는
통찰의 말습관

리더는 문제 상황이 발생하면 이를 해결하기 위해 기존의 지식과 경험을 뛰어넘는 새로운 시각으로 바라봐야 한다. 이때 예리한 관찰력으로 사물을 꿰뚫어 볼 수 있는 통찰력(洞察力)이 필요하다.

통찰을 얻기 위한 방법

그렇다면 어떻게 해야 통찰력을 기를 수 있을까? 통찰력은 목표를 수립하고 실행과정을 관리하며 결과를 점검하는 과정에서 얻을 수 있다.

목표가 제대로 설정되어 있어야 일을 제대로 할 수 있다. 목표 없이는 동기부여를 할 수 없고, 일의 의미를 찾지 못하면 포기하기 쉽다. 이처럼 목표는 도전 의지와 성취감을 주고, 일의 의미를 찾게 해준다.

회사에 목표가 없다면 어떤 일이 생길까? 우선 이전보다 잘했는지 못했는지 알 수가 없다. 목표가 없으니 관리할 것도 없고 일 자체가 무의미하고 지루하게 느껴질 것이다.

목표가 있기는 한데 너무 높거나 낮으면 어떨까? 너무 높거나 낮은 목표는 없는 것이나 마찬가지다. 경영의 구루 피터 드러커는 "목표는 도전적이면서도 달성 가능한 수준이어야 한다"고 말한다.

그래서 리더가 가장 먼저 챙겨야 하는 것은 목표를 설정하고 함께 일하는 구성원들과 협의하는 것이다. 유능한 리더는 혼자 일하지 않는다. 구성원의 협력을 끌어내서 일이 잘되게 해야 한다.

스마트(SMART)한 목표 수립))

리더는 목표 수립 단계부터 꼼꼼하게 관리해야 한다. 목표가 시장 상황에 맞는지, 목표를 달성하는 데 필요한 것은 무엇인지를 고민하는 과정에서 비로소 통찰이 생겨난다. 이때 목표는 SMART한 방법으로 수립해야 한다.

S	M	A	R	T
Specific	Measurable	Attainable	Relevant	Time-based
구체적인 목표	측정 가능한 목표	달성 가능한 목표	연관성 있는 목표	기간이 정해진 목표

목표는 구체적이어야 한다(Specific). 목표를 달성했을 때의 상황을 구체적으로 설명할 수 있어야 한다. '건강해지기'는 목표라고 할 수 없다. '체지방률 20% 이하와 체중 80kg 미만으로 건강한 몸 만들기'라고 해야 한다. '매출 300억 원 달성'이 아니라 '매출 300억 원으로 신규 시장에서 1위 확보'라고 해야 한다.

목표는 정기적으로 측정 가능한 것이어야 한다(Measurable). 지표가 변동된다거나 측정하기 어려운 것은 제대로 된 목표라고 할 수 없다. '행복해져야겠다'거나 '마음을 편히 가져야겠다'

는 것은 측정할 수가 없다. 상황에 따라, 개인적인 성향에 따라 다르게 느껴질 수 있기 때문이다. '행복하고 편안한 마음을 가지기 위해 매일 10분간 명상한다'라고 해야 한다.

목표는 달성 가능한 것이어야 한다(Attainable). 목표가 너무 높으면 도전하기 전에 포기하기 쉽다. '어차피 해도 안 될 게 뻔한데 뭐하러 고생해'라는 생각이 앞선다.

목표는 개인이나 조직의 가치관과 연관되어야 한다(Relevant). '다이어트를 위해 일주일에 3회 이상 1시간씩 운동하겠다'고 하면 연관성 있는 목표가 된다.

목표를 달성하기까지 기간을 정해야 한다(Time-based). 언제까지 달성해야 한다는 기한이 없다면 동기부여가 되지 않고, 계획을 세우기도 힘들다.

통찰은 인과적 과정에서)))

리더는 목표를 달성하는 과정을 인과적으로 관리해야 한다. 원인이 되는 '독립변수'와 결과가 되는 '종속변수'를 관리하는 것이다. 변수에는 통제할 수 있는 고정변수(정기적으로 해야 하는 업무나 예측이 가능한 업무)와 통제하기 어려운 변동변수(외부의 영향으로 발생하는 상황이나 업무)가 있는데, 고정변수보다는 변동변수가 성과에 영향을 미친다. 따라서 변동변수에 잘 대응하는 것이 리더의 역할이자 실력이다.

리더는 해결해야 하는 과제를 연간, 반기, 분기, 월간, 주간, 일일 단위로 나누어서 관리하는 것이 좋다. 연간 목표를 기간 단위로 관리하다 보면 통찰이 생겨난다. '어떻게 하면 원하는 결과를 만들 수 있는가'에 대해 반복적으로 질문하기 때문이다. 이러한 통찰을 통해 혁신적이면서도 획기적인 아이디어가 만들어지면서 실력을 쌓아나갈 수 있다.

하나의 업무를 끝내고 난 다음에는 중간중간 점검을 해야 한다. 단순히 '했다' '하지 않았다' '몇 차례 했다'는 식의 결과에만 초점을 맞추면 통찰이 일어나지 않는다. 해당 업무가 미치는 영향력까지 고민해야 한다. 이처럼 진행 과정을 관리하다 보면 목표를 달성하기 위한 다양하고 깊은 고민과 함께 통찰이 생겨난다. 그리고 여기서 얻은 리더의 통찰력이 구성원에게 전달된다.

통찰은 결과를 리뷰하는 과정에서))

리더는 결과에 대해서도 평가해야 한다. 잘한 것을 인정하고 칭찬하면 행동이 더욱 강화될 수 있다. 목표를 얼마나 달성했는지, 목표 달성 외의 성과는 무엇인지를 확인하고, 또 목표를 달성하지 못했다면 원인을 객관적으로 분석해야 한다. 내부적인 요인이 있었는지, 외부의 불가피한 영향이 있었는지, 조금만 더 집중했거나 추가 자원을 빠르게 투입했어야 했는지 등을 점검한다. 이러한 평가를 거치면 다음에 같은 실수를 반복하지 않고 부족한 점을 개선할 러닝 포인트(learning-point)를 얻을 수 있다. 또한 평가 과정에서 자연스럽게 건설적인 피드백이 나온다.

명확하고 일관된 말습관

리더에게 업무 지시와 정보 전달 역할은 매우 중요하다. 보통 리더는 정보나 지시사항을 말과 글로 전달하는데, 업무의 중요도나 우선순위를 전달할 때는 글보다 말로 전달했을 때 구성원들이 좀 더 쉽고 익숙하게 받아들인다.

명확하게 말하는 리더)))

리더가 지시했는데 구성원들이 제대로 이해하지 못하면 어떻게 될까? 이때 팀장의 메시지가 명확하지 않으면 팀원들도 저마다 다르게 이해하고 결국은 나름의 추측으로 일을 진행하게 된다.

> "팀원 여러분, 사장님이 이번 판촉행사가 좀 아쉽다고 말씀하시더군요. 여러분들이 준비를 많이 했다고는 하지만, 제가 봐도 조금 아쉬웠습니다. 사장님은 다음 행사부터 행사비용 대비 매출이 어떤지 보고해 달라고 하십니다. 다음부터는 저도 좀 더 신경 쓰겠다고 말씀드렸습니다."

이 말은 '판촉행사에 비용을 너무 많이 썼다'라고 지적하는 것일까, '비용이 문제가 아니라 매출이 나오지 않았다'는 점을 지적하는 것일까? 팀원들의 해석이 다양하면 어떤 점을 개선해야 하는지 피드백이 제대로 이루어지지 않는다. 팀장에 대한 신뢰가 떨어지는 것도 당연하다.

> "팀원 여러분, 사장님이 이번 판촉행사가 좀 아쉽다고 말씀하시더군요. 구체적으로 정리해 보면 판촉행사 비용 대비 매출 실적이 작년보다 미흡했다는 지적이었습니다. 다음 행사부터는 비용 대비 매출 목표를 설정하고 행사를 운영하겠다고 보

고드릴 예정입니다. 여러분들도 이 점을 참고하여 다음부터는 행사 기획서에 비용 대비 예상 매출에 관한 투자수익률을 포함해 주세요."

팀장이 이렇게 명확하게 말하면 판촉행사를 기획할 때 투자수익률(ROI)을 높이는 방향으로 매출 목표를 잡아야겠다고 해석할 수 있다.

업무의 배경과 일의 의미를 설명하는 리더))

업무 지시를 명확하게 하기 위해서는 업무의 배경을 먼저 설명해 주는 것이 좋다. 리더의 착각 중 하나는 업무 배경을 설명하지 않아도 구성원들이 모두 알고 있다고 생각하는 것이다.

MZ세대는 특히 일의 의미를 중요하게 생각한다. 내가 왜 이 일을 해야 하는지를 알아야 적극적으로 움직인다. 사이먼 사이넥의 책《스타트 위드 와이(Start With Why)》에서도 이 일을 왜 하는지, 일의 의미를 먼저 알고 시작해야 한다고 설명한다. 이처럼 업무 지시를 할 때 일의 배경을 먼저 설명하는 것은 이 일을 왜 해야 하는지를 이해하는 데 도움을 준다.

"이 과장, 이번에 새로운 프로젝트를 맡게 되었다고 들었어요. 이번 프로젝트는 회사의 새로운 성장 동력을 마련하기 위한 것으로 매우 중요합니다.(배경) 이번 프로젝트의 성공 여부에 따라 추가 예산이나 인력 투입을 검토할 것입니다. 이 과장에게도 새로운 프로젝트 성공 여부가 앞으로의 경력에 큰 도움이 될 것입니다.(의미)"

"고객의 니즈가 항상 더 많은 것을 원하고 있고 점점 더 개인화되고 있습니다. 이번 프로젝트는 개인 맞춤형 건강식품 비즈니스로 기획된 것이니 차질 없이 진행될 수 있도록 관련 법령과 법규 내에서 추진해 주시기를 바랍니다.(배경)"

일관성 있게 말하는 리더))))

업무 지시를 할 때 일관성 있게 말하는 것도 중요하다. 오늘은 이렇게 이야기했는데 내일은 갑자기 다른 말을 하는 리더는 신뢰할 수 없다.

"사장님과 혁신 관련 업무 회의를 마치고 나오는 길입니다. 팀장인 저도 반성하겠지만 여러분들도 느껴야 합니다. 일을 열심히 하는 것도 중요하지만 혁신에 관한 활동이 너무 부족합니다. 부서별 혁신 제안 건수에서 우리 부서가 가장 낮게 나왔습니다. 오늘부터라도 자신의 업무에서 혁신할 만한 것이 무엇인지 최소한 일주일에 한 건씩은 제안하시기 바랍니다."

그런데 팀장이 지난주 주간회의 때 이와 상반되는 말을 했다면 팀원들 입장에서는 난감할 수밖에 없다.

"여러분, 성과를 내야 합니다. 지금 여러분이 담당하고 있는 일에 좀 더 집중해 주세요. 성과가 있어야 혁신이고 제안이 있는 것이지 목표도 달성하지 못하면 무슨 소용이 있겠습니까? 일단 모든 것을 동원해 목표 달성에 힘써 주세요. 나머지는 내가 알아서 할 테니 여러분은 성과에만 집중하세요."

리더는 목표와 일관된 업무 지시를 해야 한다. CEO가 강조하는 사항이 무엇인지, 조직이 목표로 하는 것이 무엇인지를 늘 머릿속에 담고 있다면 일관된 지시를 할 수 있다. 리더 스스로 놓친 부분이 있거나 입장을 변경할 필요가 있을 때는 차라리 솔직하게 있는 그대로 말하는 것이 낫다.

"여러분, 우리는 최근 목표 달성을 위해 집중한다는 이유로 혁신 활동에 관심을 두지 못했습니다. 이 부분을 꼼꼼히 체크하지 못한 점 사과합니다. 앞으로는 목표 달성에 매진하면서 이와 관련된 혁신 주제가 있다면 제안해 주기 바랍니다."

경영진부터 팀의 리더를 거쳐 구성원에 이르기까지 업무 지시와 목표는 일관되게 전달되어야 한다. 마치 도미노처럼 말이다. 조직의 맨 아래부터 최상단의 리더까지 하나의 목표를 향해 나아갈 수 있도록 말해야 한다.

공인(公人)답게 말하는 리더))

조직에서 리더는 공인이나 마찬가지다. 따라서 공인답게 말해야 한다. 공인답게 말하려면 어떻게 해야 하는지 알아보자.

첫째, 개인이 아닌 조직과 관련된 말을 해야 한다. 직장에서 개인적인 취미활동이나 집안일들을 이야기하는 것은 시간 낭비일 뿐이다. 공동의 이익이 되는 말과 행동을 해야 한다.

둘째, 자신이 돋보이기 위한 업무를 맡아서는 안 된다. 회사의 대표가 주재하는 회의에서 팀원들의 역량과 현재의 업무 수

준을 고려하지 않고 덥석 해보겠다고 도전하는 것처럼 말이다.

"이번 명절 연휴 때 고객을 응대해야 하는데, 사무실과 공장을 비워둘 수 없어 우리 팀이 자원해서 순번제로 근무하겠다고 했습니다. 휴일근무수당은 나오는 것이니 여러분은 연휴 날짜별로 근무 계획을 정리해서 보고해 주세요."

이런 업무는 팀원들에게 전혀 도움이 되지 않는다. 휴일근무수당을 바라지 않는 팀원도 있다. 팀원들의 의견은 안중에도 없고 자신이 인정받기 위해 일방적으로 일을 떠안는다면 공인의 자세라고 할 수 없다.

셋째, 감정이 태도가 되어서는 안 된다. 위에서 받은 스트레스를 그대로 구성원에게 전달한다면 팀원들은 심리적으로 불안하고 불편해진다.

"내가 웬만하면 말 안 하려고 했는데, 대표님이 나를 불러서 행사장에 직원들이 왜 이렇게 안 보이냐고, 도대체 어디서 무엇을 하고 있었냐고 묻더군. 다들 어제 행사장에서 시간대별로 무슨 업무를 하고 있었는지 정리해서 보고해. 나도 대표님께 보고해야 하니까! 좀 알아서 잘해야 하는 거 아냐?"

리더는 이처럼 감정을 그대로 드러내는 것이 아니라 감정을 최대한 자제하고 핵심만 정확하게 말해야 한다.

"여러분, 대표님께서 어제 공식 행사장에서 여러분들의 모습이 보이지 않았다는 말씀을 하셨습니다. 여러분은 열심히 자기 업무를 했다고 생각합니다. 사장님이 오해하지 않도록 말씀드리려고 합니다. 열심히 근무한 만큼 인정받아야 하고, 오해가 없어야 한다고 생각합니다. 그러니 어제 각자의 업무를 시간대별로 정리해서 보고해 주세요."

진정성을 담아 말하는 리더))）

리더는 항상 진정성 있게 말해야 한다. 구성원의 대답은 제대로 듣지 않으면서 질문만 쉴 새 없이 던지는 것은 진정성이 없는 것이다. 마치 깐족거리는 것처럼 들리게 된다. 분명 화를 내면서 말하지는 않았지만, 구성원의 입장에서는 마음이 불편하고 짜증이 난다. 리더답지 못한 말습관이다.

"어제 왜 일일 업무계획서를 보고하지 않았나요?"

"지난번에도 일일 업무계획서를 퇴근 전에 보고해 달라고 했는데 벌써 두 번째 어긴 것 알고 있나요?"

"그때도 말로는 개선하겠다고 하고서 의지를 보이지 않았는데, 내 생각만 그런 건가요?"

"연차휴가가 이유가 되나요? 당연히 휴가 전날에 보고하고 가야 하는 거 아닌가요?"

이렇게 자신의 감정을 드러내놓고 말하면 듣는 사람이 불편하다. 구성원들에게 리더의 입장을 정확하게 표현하고 기대하는 것을 구체적으로 요청해야 한다.

"어제 일일 업무계획서가 빠졌습니다. 팀장으로서 구성원들의 업무계획을 확인하는 것은 팀원 모두가 좋은 성과를 낼 수 있도록 점검하고 부족한 부분을 채워주거나 대응 방안을 마련하기 위함입니다. 다음부터 연차휴가를 사용할 때는 하루 전에 보고해 주시기 바랍니다."

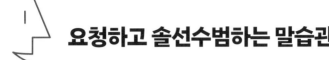

요청하고 솔선수범하는 말습관

리더는 혼자 일할 수 없다. 업무와 관련된 모든 이해관계자들과 함께 일하며 필요한 부분은 요청해야 한다. 그런데 요청하는 것을 힘들어하는 리더가 있다. 관련 부서나 구성원들이 알아서 움직여주기를 바란다. 게다가 업무 요청을 제대로 하지 않고서 협조가 안 된다거나 프로세스가 잘 돌아가지 않는다고 불평한다.

요청하지 않으면 모른다

리더는 업무 협조가 필요한 경우 해당 직원과 관련 부서에 바로 요청을 해야 한다. 말해 주지 않으면 상대방은 알 수 없다. 업무상 꼭 필요한 경우라면 빠르게 요청하고 협조를 구해야 한다.

"팀장님, 그때 바로 말씀해 주시지 그랬어요? 팀장님께서 말씀이 없으셔서 다른 팀원에게 시킨 줄 알았어요."
"팀장님, 왜 우리 지원부서에 요청하지 않으셨어요? 바빠서 그러신 거예요? 그때 이야기하셨으면 실무자가 없더라도 다른 방법으로 협조해 드렸을 텐데요."

상대방은 명확하게 요청받은 적이 없는데 협조가 안 되어 업무가 누락되었거나 미흡했다는 이야기를 들으면 황당하다. 리더가 요청하지 않아서 생기는 문제는 리더의 책임이다. 리더는 망설이지 말고 필요한 사항을 적극적으로 요청해야 한다.

나이스(NICE)하게 요청하자)))

요청하지 못하는 이유는 익숙하지 않거나 거절당할 것이 두려워서이다. 하지만 정중하게 요청하면 상대방이 거절했더라도 '관계'라는 휴먼계좌에 플러스 금액으로 저축된다. 업무 요청을 할 때는 다음의 NICE를 기억하자.

> **N** (Name) : 요청받는 사람이 적절한가?
> **I** (Interest) : 요청받는 사람의 이익은 무엇인가?
> **C** (Clear) : 요청하는 내용이 명확한가?
> **E** (Exalt) : 요청에 칭찬과 감사의 표현을 담고 있는가?

팀원들과 관련 부서에 요청할 때는 다음과 같이 정중하게 부탁하는 것이 좋다.

"김 과장,(Name) 회사 경영혁신 세미나 준비를 맡아줄 수 있나요?(Clear) 지난번에 비슷한 행사도 성공적으로 진행한 경험이 있어서 적임자라고 생각합니다. 이번에는 회사의 임원들이 모두 참석하는 중요한 행사인 만큼 김 과장의 경력에 많은 도움이 될 것입니다.(Interest) 행사의 준비 단계부터 실제 진행까지 맡아주면 고맙겠습니다.(Exalt)"

"안녕하세요. 고객만족팀이죠? 저는 영업팀의 김 대리입니다. 꼭 요청드릴 것이 있어서 전화드렸습니다.(Name) 저희 부서에서 이번에 중요한 고객 클레임에 대응하고 있습니다. 이번 클레임은 임원들이 관심 있게 살피고 있는 사안입니다. 고객을 이해시키기 위해서는 객관적인 자료가 필요합니다. 제품에 문제가 발생한 원인과 앞으로의 대책에 대해 2~3페이지 분량으로 정리해 주실 수 있을까요?(Clear) 고객에게 전달하는 것이라서 너무 길지 않고 쉬운 표현으로 정리해 주시면 감사하겠습니다.(Exalt) 이번 클레임이 잘 해결되면 자료를 준비해 주신 부서의 공로라는 것을 회사에서도 모두가 알 것입니다.(Interest)"

업무를 요청했다가 거절당하는 경우도 물론 있다. 이런 경우에는 기분 나쁜 내색을 하지 않고 다른 방법을 찾아본다. 더 높은 직급의 상사에게 상황을 알리고 협조를 끌어내는 것도 좋은 방법이다.

"상무님, 고객 클레임을 처리하려면 관련 부서에 업무 협조를 구해야 합니다. 이번 고객 클레임의 중요성으로 볼 때 상무님께서 업무 협조를 요청해 주시면 진행하는 데 큰 도움이 될 것 같습니다."

업무 협조가 제대로 되지 않았다고 해서 일러바치는 식으로 보고하는 것은 금물이다. 거절한 당사자의 경우 일종의 빚을 진 기분을 가지고 있어 다음에 요청할 때는 들어줄 확률이 높다.

솔선수범하면 효과는 배가된다)))

업무 지시 또는 요청을 하면서 솔선수범을 한다면 효과는 배가된다. 〈하버드 비즈니스 리뷰〉에 실린 보고서에 따르면 리더의 솔선수범(lead by example)이 팀원들에게 동기부여, 신뢰감, 직업윤리와 의사소통을 높여준다고 한다. 리더가 솔선수범할 때 구성원들은 목표를 더욱 명확하게 이해하고 생산성이 높아진다는 연구 결과가 있다.

조선 시대 병자호란 당시에 무관을 지냈던 임경업 장군은 탁월한 군사 지휘 능력과 외교력을 갖고 있었다. 그가 영변(평안북도) 방어사 시절, 북쪽 오랑캐의 침입을 막기 위해 백마산성을 보수공사하고 있었다. 당시 인근 지역 백성이 모두 동원돼 돌과 목재를 날랐다. 이들은 자칫 잘못하면 한순간에 죽어나가는 중노동을 밤낮으로 해야 했는데 자연히 불만이 커져갔다. 방어사가 시키는 일이니 하지 않을 수는 없고, 그러다 보니 백성들은 삼삼오오 모이기만 하면 쑥덕대기 바빴다.

하루는 누군가가 모두 들으라는 듯 큰 소리로 말했다. "임경업인지 방어사인지는 우리가 이렇게 고생하는 거 알고나 있나 모르겠어. 다들 안 그런가?" 사람들이 여기저기서 "그러게 말이야!" "방어사가 이 고생을 어찌 안단 말인가!"라고 맞장구쳤다. 그때 한쪽에서 "여기 임경업이도 함께 있으니 그런 걱정은 마시게"라고 말하는 게 아닌가. 사람들이 화들짝 놀라 쳐다보니 방어사가 허름한 옷을 걸친 채 함께 돌을 나르고 있었다.

리더로서 솔선수범하여 지휘한 임경업 장군의 사례는 현 시대의 리더에게 귀감이 되기에 충분하다.

유명 동시통역사인 임종령 씨는 노태우, 김대중, 노무현, 박근혜, 문재인 대통령과 부시, 오바마, 클린턴, 트럼프 미국 대통령, 그리고 영국과 호주 총리, 캐나다 총독, 덴마크 왕세자 부부, 영국 엘리자베스 여왕 등의 통역을 맡았다.

임종령 씨의 두 딸은 모두 미국의 유명 대학을 졸업했는데, 그녀는 딸들에게 공부를 강요한 적이 없다고 한다. 딸들이 집에서 TV를 보려고 소파에 누우면 정면에 임종령 씨가 책상 앞에 앉아 공부하는 모습이 보여서 불편했다고 한다. 더구나 이른 아침 딸들이 조금 더 자려고 하는데 새벽에 엄마가 커피 내리는 소리를 들으면 잠이 깨면서 엄마도 공부하는데 나도 해야겠다는 생각이 들었다고 한다.

〈유 퀴즈 온 더 블럭〉에 출연한 임종령 씨의 스토리다. 가정에서 임종령 씨는 리더이고 두 딸은 구성원이다. 리더가 솔선수범하는 모습은 두 딸이 명문대학에 가는 데 좋은 영향을 주었을 것이다.

영향력을 발휘하는 신뢰의 말습관

리더는 신뢰가 있어야 조직에서 영향력을 발휘할 수 있다. 구성원이 믿고 따르게 만드는 신뢰는 리더에게 중요한 자원이다. 어떻게 하면 구성원에게 신뢰를 줄 수 있을까?

리더의 신뢰는 예측 가능한 것))))

신뢰가 간다는 것은 상대방이 어떤 행동을 하는지 알 수 있다는 의미다. 우리가 대표적으로 신뢰할 수 있는 집단은 '가족'이라는 공동체이다. 우리는 지금 이 순간 가족들이 무엇을 하고 있는지 바로 알 수 있다. 자녀가 학교나 학원에서 공부하고 있다거나, 아내와 남편이 지금 어디서 뭘 하고 있는지 안다. 많은 시간을 함께하고 소통하면서 신뢰가 구축되었기 때문이다.

그런데 외근을 나간 영업직원이 무슨 일을 하고 있는지 알 수 없다면 어떨까? 업무계획서에는 거래처에 간다고 되어 있지만 사실은 카페에서 시간을 보내다 퇴근하는 것은 아닌지 못 믿겠다면 자꾸 점검하고 확인하게 될 것이다. 시간대별로 이동 상황을 보고하게 하거나 심지어 지금 있는 곳을 사진 찍어서 보내라고 한다면 신뢰가 없는 것이다.

반대로 팀장을 신뢰할 수 없다면 어떨까? 구성원을 이용해 자기의 안위를 지키려는 것인지, 구성원의 성장을 돕고 팀이 잘 돌아갈 수 있도록 지원하려는 것인지 알 수 없다.

"이번 프로젝트를 잘 마무리하면 어떻게 해주겠다고 하지만 믿음이 가지 않아. 일전에도 갑자기 기준을 바꾸어서 혼란스러웠던 적이 있었어. 처음에는 A업체를 통해 일을 진행하라고 하더니 나중에는 별다른 설명도 없이 갑자기 B업체로 변경하라고 지시를 하더라고."

리더는 신뢰로 시작하라)))

과거에는 리더십이 개인의 카리스마나 재능에 맞추어졌다. 하지만 최근에는 리더의 신뢰를 중요하게 여긴다. 리더의 영향력이 신뢰로부터 시작되기 때문이다.

리더는 자신을 믿는 순간부터 신뢰가 시작된다. 자신이 좋은 리더로서 잘해 나갈 수 있다고 생각해야 구성원도 리더를 신뢰한다.

> "이번에도 목표를 확실히 달성할 거라고 믿어. 우리가 준비한 것들을 차근차근 실행한다면 충분히 해낼 수 있다고 생각해. 우리 팀이 월초부터 생각한 전략으로 강력하게 밀고 나가자!"
> "네, 팀장님. 저도 매번 느끼는 것인데요. 팀장님이 스스로를 믿는 마음이 우리에게도 전해지는 것 같습니다. 우리 팀이 목표 달성을 할 것이라는 믿음과 팀장님 스스로에 대한 믿음이 우리를 똘똘 뭉치게 하는 것 같습니다."

아무리 전략이 뛰어나고 계획이 훌륭하다고 하더라도 리더와 구성원 간에 신뢰가 없으면 일이 제대로 진행되지 않는다.

리더가 신뢰를 얻는 방법)))

리더가 신뢰를 얻기 위해서는 '진정성' '일관성' '소통'이 있어야 한다.

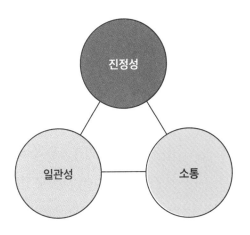

첫째, 가장 중요한 것은 진정성이다. 리더의 말이 진심에서 우러나오는 것인지 구성원들은 이미 알고 있다. 그리고 리더의 진정성은 시간이 갈수록 명확하게 드러난다.

"우리 팀장님은 매번 올해 열심히 하면 연말 인사평가에서 좋은 점수를 준다고 하는데, 이걸 믿어야 하는 거야? 이분의 이야기는 도대체 믿을 수가 없어! 진심이 아니라 쉽게 던지는 말 같아!"

"그래? 우리 팀장님은 선배들 이야기를 들어봐도 연말 인사평가에서 팩트 중심으로 최대한 객관적으로 평가해서 임원들을 설득하신다고 하더라. 인사평가에서 좋은 점수를 준다고 직접 말씀은 안 하셨지만 믿음이 가."

둘째, 일관성 있는 말과 행동을 보여주어야 한다. 상황이 바뀌었다면 솔직하게 설명한다.

"팀장님은 항상 우리에게 야근할 때 저녁 식대는 얼마까지만 인정한다고 했잖아? 더구나 출장 시에 식대도 출장 복무규정에 따르라는 지침까지 내렸어. 그런데 정작 본인이 출장을 갔을 때는 말도 안 되는 비싼 식당에서 식사를 하면서 마치 자기가 사는 것처럼 기분을 내더라고. 자리에 함께 있었지만, 솔직히 기분이 좋지 않았어. 사람이 말과 행동이 일관성이 있어야지."

"지난번에 우리 팀장님을 SRT에서 우연히 만났는데, 팀장님도 회의가 길어져서 늦게 타셨다고 하더라. 그런데 '팀장님 왜 특실 안 타시고 일반실 타셨어요? 규정에 따르면 팀장님은 특실 타셔도 되잖아요'라고 물었더니, 어차피 팀 예산에서 나가는 건데 뭐하러 특실 타냐고 일반실 타도 된다고 하시더라. 우리 팀장님은 정말 말한 대로 지키는 분이셔."

셋째, 소통을 충분히 해야 한다. 구성원들은 소통을 잘하는 리더를 신뢰한다.

"미리 이야기를 해줘야 밑에서도 진행할 것 아니야. 위에서 들은 이야기를 본인만 알고 있고, 정작 실무를 하는 우리는 다른 곳에서 정보를 확인하고 일해야 하니 답답해."
"우리 팀장님은 참고해야 할 업무 관련 정보를 그때그때 수시로 알려주셔. 팀장 회의를 마치고 나오면 곧바로 파트장 회의를 간단하게 진행하거나, 오늘 팀장 회의에서 있었던 사항을 메일이나 메신저로 공유해 줘서 일하기가 편해."

신뢰를 얻는 리더의 특징)))

구성원의 신뢰가 높은 리더들의 대표적인 특징은 자신이 가진 정보를 공유한다는 점이다. 리더는 본인이 가진 전문성이나 지식을 후배들에게 아낌없이 전수해 주어야 한다. 귀찮아하거나 내 일이 아니니 신경 쓰지 않겠다는 식의 태도로는 절대 신뢰를 얻을 수 없다. 다음과 같이 말하는 선배나 리더는 별로 도움되지 않는다.

> "미안한데, 내가 지금 좀 바쁘거든. 마감 업무라면 다른 선배에게 물어봐. 참 전산 프로그램은 한번 꼬이면 처음부터 다시 해야 하니 신중하게 해야 할 거야."

하지만 다음과 같이 말하면 자연스럽게 신뢰가 생긴다.

> "김 대리, 사업부의 마감 업무를 맡았구나. 해보지 않았던 일을 맡은 것 같은데, 처음에만 어렵지 적응하면 나중에는 수월해질 거야. 하다가 모르는 것이 있으면 언제든 가지고 와. 내가 알고 있는 것들은 알려줄게."

2장

좋은 관계를 만드는 말습관

관계를 이어주는 말습관

좋은 말습관을 지니면 찾는 사람들이 많아진다. 세상을 바꾸려는 노력보다 좋은 말습관으로 바꾸면 인간관계가 넓어진다. 조직이나 사회에서 꼭 필요하지 않으면 찾지 않는 사람들은 대부분 말습관이 좋지 않다.

리더의 문제 있는 말습관)))

구매팀 김 팀장은 일 잘하기로 소문난 사람이다. 필요한 원료의 명세서를 꼼꼼하게 따지면서 한 치의 오차도 없이 구매한다. 원료를 공급받을 때도 공장에서 사용하기 쉽게 최대한 조건을 맞춘다. 국제 원료가격 변동을 예측해 값이 오를 원료는 사전에 구매하고 값이 떨어질 원료는 재고량을 최소화하면서 회사에 기여하고 있다. 회사의 대표도 김 팀장의 성과를 인정한다.

그런데 문제는 김 팀장의 말습관이었다. '김 팀장 때문에 힘들어서 못 해먹겠다' '업무협조가 안 된다' '사람을 인신공격한다' '김 팀장 때문에 회사 가기 두렵다'는 불만이 팽배했다. 심지어 마케팅팀의 최 팀장과 큰 소리로 다투는 모습까지 목격되었다. 과장, 차장 때까지 실무는 잘했을지 몰라도 부장이 된 김 팀장에 대해 리더의 자질이 의심된다는 의견이 나오기 시작했다.

담당 임원이 김 팀장을 불러 말하는 태도를 엄중하게 지적했다. 자칫하면 팀장이라는 임무를 수행하기 어렵고 심한 경우 보직 해임까지 고려하겠다는 것이었다. 김 팀장은 말습관 때문에 조직생활에서 위기에 처했다.

이후에 김 팀장은 달라지기 시작했다. 이전에는 회의시간에 본인의 생각과 다르면 상대방을 공격하기 일쑤였는데, 이제는 들으려는 태도로 변한 것이 확연하게 느껴졌다. 꼭 해야 하는 이야기는 본인의 감정을 내세우지 않고 말했다. 업무상 마케팅팀과 미팅할 때도 적극적으로 듣는 태도를 보여주었다. 마케팅팀에서 이러한 원료를 이러한 가격에 구매해 달라고 하면, 과거에는 '안 된다' '내 말이 맞다' '다른 곳에서 견적을 알아보면 구매팀의 권한을 넘어서는 것이다'라며 흑백논리로 공격했다. 하지만 이번에는 담보하지는 못하더라도 마케팅팀의 상황을 이해하니 한 번 더 알아보겠다고 긍정적으로 받아들였다.

구성원들도 김 팀장의 변화된 모습을 느꼈다. 구매팀이 잘해서 영업팀이 경쟁력 있는 가격으로 시장에서 경쟁우위를 지킬 수 있다는 칭찬도 들려왔다. 김 팀장의 업무가 바뀐 것은 아니었지만, 단지 말하는 태도와 습관을 바꾼 이후로 김 팀장 주위에 사람들이 모여들기 시작했다.

상대방을 바꾸는 건 쉽지 않다. 차라리 내가 바뀌는 것이 현명하다. 그래야 사람들과 연결될 수 있다. 동기부여 전문가 앤드류 매튜스는 "우리의 사명은 세상을 바꾸는 것이 아니라 우리 스스로를 바꾸는 것이다"라고 했다.

말습관을 바꾼 박 대리))

거울을 자주 본다고 거울 공주라고 불렸던 영업지원팀의 박 대리는 열정이 없는 사람으로 인식되었다. 회의시간에도 발언을 거의 하지 않고 그저 남들의 의견을 따라가는 식이었다. 그런 박 대리에게 후배가 생겼다. 회사는 두 달 동안의 멘토링 기간을 주었다. 박 대리는 후배에게 꼼꼼하게 업무를 알려주어야 한다. 멘토링은 박 대리뿐만 아니라 다른 팀에서도 신입사원을 대상으로 진행된다고 한다. 부서끼리 멘토링 경쟁을 하는 상황이 되었다.

그러자 박 대리는 새로운 모습을 보여주었다. 회의시간에도 자기 의견을 내기 시작했고, 자료를 조사하거나 수집할 때도 다른 부서와 적극적으로 소통해 나갔다.

결과적으로 박 대리는 멘토링 경진대회에서 최우수상을 받았다. 수상 소감에서 박 대리는 이렇게 말했다.

"후배를 가르쳐주면서 저도 발전하고 있다는 생각이 들었습니다. 후배도 잘 따라와 주었습니다. 이렇게 서로 시너지가 날 수 있다는 것을 경험하니 일하는 것이 즐거웠습니다. 두 달 동안 잘 따라와 준 후배에게 고맙습니다. 우리 팀의 멘토링이 잘 진행되도록 지켜봐 주신 동료분들께도 감사합니다. 멘토링을 통해 제가 오히려 성장하는 기회가 되었습니다."

멘토링 심사의 자료가 되었던 멘티의 다이어리에는 이렇게 적혀 있었다.

'멘토(박 대리)님은 적극적이다. 내가 업무를 잘할 수 있도록 매일같이 매사에 적극적으로 알려주셨다. 이런 멘토를 만났다는 것이 나에게는 큰 행운이다.'

스피치와 커뮤니케이션의 달인이라고 불리는 데일 카네기는 효과적인 말하기를 위한 세 가지 조건에서 "동서고금을 막론하고 태어날 때부터 달변가는 없다. 목표에 대해 집중하라. 확신하고 말하라. 모든 기회를 잡아서 연습하라"고 말했다. 처음부터 잘하는 것이 아니라 꾸준히 바꿔나가야 한다. 내가 바뀌면 사람들이 자연스럽게 나를 찾는다.

관계를 단단히 하는 말습관

리더의 좋은 말습관은 인간관계를 연결해 주는 것에서 더 나아가 관계를 강화해 준다. 관계가 강화되면 리더는 힘을 얻어서 목표를 달성하는 데 도움이 된다. 얇은 실과 같은 관계는 끊어지기 쉽다. 동아줄처럼 튼튼한 관계를 맺는 데 중요한 것이 말습관이다.

말습관으로 성공하고 존경받는 사람들))

스티븐 코비의《성공하는 사람들의 7가지 습관》은 전 세계적으로 2,500만 부 이상 판매된 베스트셀러이다. 이 책에서 저자는 성공하기 위한 7가지 습관 중 하나로 '먼저 이해하고, 다음에 이해시켜라'며 공감적 경청을 강조했다. 스티븐 코비는 자신의 말과 행동을 통해 항상 상대방을 존중하고 신뢰하는 모습을 보였고, 그 결과 많은 사람들의 존경을 받으며 성공할 수 있었다.

마이클 조던은 NBA 역사상 최고의 선수로 평가받고 있다. 그는 뛰어난 실력뿐만 아니라 리더로서 항상 긍정적인 말로 팀원들을 독려하여 좋은 성적을 거둘 수 있었다.

〈오프라 윈프리 쇼〉로 큰 인기를 끌었던 오프라 윈프리는 따뜻하고 친절한 말로 많은 사람들의 마음을 움직였다. 그녀는 항상 다른 사람들을 칭찬하고, 그들의 장점을 부각시키며 배려해주었다.

관계를 살리는 말, 죽이는 말))

사람과의 관계를 살리는 말은 마음을 편하게 해주고, 만나서 대화하고 싶은 생각이 든다. 내 상황을 이해하면서 들어주고, 자기 이야기를 강조하지 않는다. 이처럼 나의 이야기를 들어주니 마음이 열리고 편하다. 어떤 말이든 나에게 도움이 될 것 같다.

"저는 이렇게 생각합니다만, 괜찮습니다."
"다르게도 생각할 수 있지요."

반대로 사람과의 관계를 죽이는 말을 들으면 마음이 불편하다. 대체로 자기 생각만 강조한다. 이 경우 한두 번은 동의하겠지만 계속 듣고 있기가 부담스럽다. 나중에는 조금씩 그 사람을 외면하게 된다. 문제는 이 사람에게 다른 사람을 소개해 주지 않는다는 것이다. 인간관계가 더 이상 확장될 수 없다.

"무슨 말인지 이해했나요?"
"내 말이 맞잖아요?"
"지난번에 내가 얘기했잖아요!"

하버드대학교 경영대학원의 리더십 관련 조사에 따르면 리더는 말과 행동으로 인해 인간관계가 나빠질 수 있고, 반대로 좋아질 수도 있다고 한다.

리더의 센스 있는 유머)))

　리더의 센스 있는 유머는 상대방의 마음을 열고 분위기를 밝게 만든다. 유머가 있는 리더는 무엇보다 여유로워 보인다. 긴박한 상황에서도 유머러스하게 대응하면 심리적 안정감을 준다.

　하버드대학교 종신교수인 에이미 에드먼슨 교수는 《두려움 없는 조직》에서 심리적 안정감이 있는 조직은 업무 몰입도가 높고 업무 성과를 낼 수 있다고 말한다.

> "이 과장, 오늘 생일이네. 부모님께 감사하다고 연락드려야겠어. 귀한 인재를 낳으셨다고!"
> "김 대리, 결혼해? 상대방이 사람 보는 눈이 있네. 우리 김 대리를 알아보다니!"
> "한 번에 성공하려고 했어? 이제 보니 심각한 욕심쟁이였군? 다음에 한 번 더 도전해봐!"

　설령 유머가 잘 통하지 않더라도, 아재 개그라는 비웃음을 사더라도, 익숙하지 않더라도 리더가 센스 있는 유머를 선사하려고 했던 노력은 상대방이 알아주게 마련이다.

관계를 확대하는 말습관

요즘은 돈을 들여서라도 관계를 만들어 나가려고 노력한다. 멤버십에 가입해 함께 책을 읽은 후 토론하고, 각종 운동 동호회에 나가 함께 운동하기도 한다. 온라인을 통해서도 비슷한 관심사의 사람들과 관계를 넓혀간다.

이때 우리가 평소 사용하는 말습관은 사람들과의 관계에 영향을 미친다. '그 사람을 다른 사람에게 소개해 줘도 될까?'라는 기준은 대부분 그 사람의 말습관에서 나온다.

내가 소개해 줄게))

다른 사람에게 소개해 주기가 망설여지는 사람들은 대부분 말습관에 문제가 있다. 좋은 말습관은 서로 상호작용하는 데 기본적인 자세이다. 평소의 말습관이 새로운 만남으로 연결된 사례를 소개한다.

"이 후배, 1월 19일 저녁에 시간 되는지 확인 좀 해줘."

"아, 네. 선배님, 안녕하세요? 무슨 일로 그러세요?"

"아는 분이 최근 하버드비즈니스스쿨에서 AMP(Advanced Management Program) 공부를 하고 오셨어. 귀국한 지 한 달밖에 안 되었는데, 하버드에서 학습한 내용을 요약해서 말씀해 주신다고 하네. 참석 인원은 10명으로 매우 제한적인데, 내가 이 후배를 추천했어. 같이 가는 거 어때?"

"당연하죠, 선배님. 진심으로 감사합니다."

(강의 후)

"선배님, 오늘 강의 잘 들었어요."

"그래, 나도 잘 들었어. 하버드비즈니스스쿨에서 최근에 가르치는 리더십과 미래 기술, 전략 등에서 몇 가지 인사이트를 얻을 수 있었어."

"그런데요, 선배님. 어떻게 저를 추천하실 생각을 하셨어요?"

"이 후배가 평소에 나한테 잘하잖아. 그래서 추천했지."

"제가 잘한 게 뭐 있나요?"

"뭐랄까? 이 후배는 뭘 물어봐도 잘 대답해 주고, 선배한테 잘하잖아. 한마디로 표현하기는 어려운데, 말을 싹싹하게 잘한다고 할까? 선배를 존중한다고 할까? 강요하지 않고 전체가 모인 곳에서 잘 융합하고 소통하잖아. 평소에 좋게 생각하고 있었으니 자연스럽게 소개하게 된 거야."

좋은 말습관으로 인맥을 강화한다)))

가수이자 프로듀서인 박진영은 후배 가수들에게 일부러 인맥을 만들기보다 실력을 갖추는 것이 중요하다고 조언한다. 실력을 갖추면 인맥은 자연스럽게 만들어지고, 훨씬 더 단단하고 오래간다는 것이다.

사람들은 인맥을 넓히기 위해 다양한 활동을 한다. SNS로 모임을 만들고, 오프라인 모임에 나가 사람들을 만난다. 대학원의 학위과정이나 평생교육원에서 함께 공부하며 인맥을 넓힌다.

등산이나 마라톤 등 운동모임에 가입하기도 한다. 이렇게 자연스럽게 소통하면서 이루어진 관계는 서로에게 도움을 주며 오래간다.

피터 드러커는 "사람은 혼자서 여러 가지 일을 할 수 없다. 모두 관계를 맺으며 함께 일한다. 그래서 좋은 관계를 만들어가는 것은 그 어떤 일보다 중요하다"고 말했다.

함께 안 지 10년이 넘은 동갑내기 카톡방이 있다. 대학원에서 만난 14명의 동갑내기 친구들이다. 외국계 글로벌 기업의 임원, 국내 대기업 임원, 중견기업 전문경영인, 공공기관 간부 등 사회적으로 좋은 위치에 있는 사람들이다. 이 모임 구성원들의 특징은 모두 좋은 말습관을 지니고 있다는 것이다. 하루에도 수차례씩 문자를 주고받는데도 불편하게 하거나 상처를 주는 말은 하지 않는다. 한번은 오프라인에서 만난 자리에서 이러한 대화가 오갔다.

"친구들, 우리는 참 누구 하나 모난 사람이 없네. 누가 무엇을 하자고 하든 웬만하면 의견을 잘 따라주고 서로 이해하는 것 같아."

"동감이야. 이렇게 모이기도 쉽지 않은데, 이것도 우리 복인

거 같아.”

“우리 친구들은 참 착한 것 같아.”

그래서 우리 자신도 자랑스럽고 주변에서도 부러워하는 모임이 되었다. 사회적으로 부러움을 살 만한 자리에 있으면서도 겸손하고 서로를 배려하는 말습관으로 모임을 발전시키고 관계를 단단하게 다져나가고 있다.

SNS에서도 말습관은 통한다))

우리는 SNS를 통해 나의 일상을 업데이트하고 다른 사람의 일상을 보면서 간접경험을 한다. 이때 좋은 말습관은 SNS에서도 통한다. 어떤 사람의 피드를 보면 기분이 좋아진다. 스토리가 재미있기도 하지만 결국은 글쓴이의 말습관이 글에도 영향을 주기 때문이다.

어떤 사람의 피드는 매우 불편하다. 공격적이고 싸우려는 말투이다. 말을 하는 것이 아니라, 말을 배설하는 듯한 느낌이다. ‘내 계정이니 내 마음대로 할 거야. 마음에 들지 않으면 안 보면 될 것 아니냐’는 식으로 말하는 경우가 있다. 이런 사람은 조용히 팔로우를 끊게 된다.

좋은 말습관은 SNS에서도 좋은 관계를 만든다는 점을 기억하고, 상대의 입장이 되어 내 글이 어떻게 받아들여질지 점검해볼 필요가 있다.

좋은 기회를 가져다주는 말습관

좋은 말습관은 좋은 기회를 가져다준다. 똑같은 조건이라 하더라도 좋은 말습관을 지닌 사람에게 도움을 주고 싶어지기 때문이다. 그러니 좋은 기회를 얻으려면 평소에 좋은 말습관을 사용하도록 하자.

말습관으로 수백억을 벌다)))

평생을 성실하게 자동차 정비를 해오신 분이 있다. 젊은 시절부터 땀 흘리며 카센터로 시작해 공업사로 발전시켜 나갔다.

20명이 넘는 큰 규모의 공업사 옆에 주유소까지 운영한다. 이분을 처음 만났을 때 두 가지에 놀랐다.

첫째는 매우 젊어 보이는 외모였다. 유전적인 이유가 크겠지만 그 외에도 다른 것이 영향을 미쳤을 것이라고 생각한다. 우선 이분은 인상을 쓰는 일이 없다. 상대방의 이야기를 잘 듣고 본인의 의견을 차분하게 이야기한다. 평생 한 분야에서 일해온 사람이라면 아집이나 고집이 있을 법한데, 그런 모습이 전혀 보이지 않는다. 항상 차분하고 온화한 표정이다.

둘째는 말습관이다. 상대방에게 조금도 부담을 주지 않으며, 상대방의 말을 끝까지 들어준다. 그리고 상대방의 좋은 점을 보고 진심으로 응원하는 마음으로 대한다.

"이렇게 찾아와 주니 내가 더 고맙지."

"하나씩 해결하면서 가면 되는 거지."

"이 동네 오면 꼭 연락해. 같이 밥 먹고 가면 좋잖아."

이분이 몇 해 전에 경매로 건물을 하나 샀다. 평소 친하게 지내던 은행 직원의 권유가 있었다고 한다. 3년이 지나 건물 주변에는 수천 가구의 아파트가 들어섰다. 30억 원에 산 건물은 현재 호가가 300억 원에 달한다고 한다. 정보는 네트워크를 통해 얻어지듯이 이러한 기회를 잡은 것도 평소에 좋은 말습관으로 주변 사람들과 관계를 잘 맺어두었기 때문이다.

말습관으로 영업을 성공시키다))

말도 잘하고 영업도 잘하는 영업 담당자가 있다. 그는 거래처 어디를 가도 환영을 받는다. 영업을 하는 사람들은 영업의 고수를 이렇게 설명한다.

하수 : 제품을 판매하려고만 노력하는 사람
중수 : 고객이 떠나더라도 새로운 고객을 만들겠다는 사람
고수 : 본인이 떠나면 고객이 따라오도록 만드는 사람

한마디로 거래처와 고객사에 영향을 줄 수 있는 사람이다. 영업을 잘하는 고수는 거래처로부터 엄청난 신뢰를 얻고 있다. 마치 가족처럼 믿고 신뢰한다. 영업자가 설명하는 공급조건이나 시장 상황을 고객사는 100% 믿고 거래하는 것이다.

이처럼 영업을 잘하는 사람들은 말한 것을 행동으로 보여주기 위해 최선을 다하고, 약속한 것은 어떻게든 지키려고 한다.

말습관으로 승진의 기회를 얻다))

입사 동기인 두 사람은 차장 직급까지 같은 시점에 승진했다. 입사한 지 15년이 넘어 이제는 부장으로 승격하여 팀장의 직책을 맡을 차례였다. 두 사람의 스타일은 전혀 달랐다.

한 사람은 업무능력은 보통이지만 회사가 요구하는 핵심가치에 어울리는 사람으로 평가받았다. 신뢰, 정직, 공동체의식 같은 일반적인 가치들이다. 15년 넘게 조직생활을 하면서 다른 직원들과 특별히 문제가 없을 만큼 말습관도 좋다.

나머지 한 사람은 일은 꽤 잘하지만 가끔 회의나 미팅에서 자기주장을 내세우며 마찰을 빚었다. 관련 부서와 회의할 때 언성을 높이며 다투기도 한다. 결국 상사, 동료, 후배가 동시에 하는 360도 리더십 평가의 커뮤니케이션 항목에서 후배들에게 가장 낮은 점수를 받았다.

두 사람 중 앞서 소개한 차장이 부장으로 승진한 것은 당연했다. 둘 다 비슷한 평가 점수로 경쟁했으나 과거 관련 부서와의 다툼이 정성적 평가에 반영되었다. 평소의 말습관이 결정적인 순간에 운명을 갈라놓은 것이다.

좋은 말습관을
위한
7가지 방법

존중

배려

사랑

경청

배경

공감

논리

좋은 말습관을 위한
7가지 방법

존중

당신은 조직생활이나 개인적인 관계에서 주변 사람들을 얼마나 존중하고 있는가? 인정받고 싶고 존경받고 싶다면 당신이 먼저 진심을 다해 상대방을 존중하자. 성경에도 남에게 섬김을 받고자 하는 자는 먼저 남을 섬기라는 구절이 있다. 나부터 남을 존중해야 나도 남에게 존중받을 수 있는 것이다.

내가 귀한 만큼 상대방도 귀하다))

내가 귀한 만큼 회사에서 만나는 모두가 귀한 사람들이다. 누군가의 자녀로, 누군가의 배우자로, 누군가의 부모로 하나하나 소중한 존재이다.

사사건건 상대방을 무시하고 존중하지 않는 40대 팀장이 있었다. 사람들은 그를 '퇴사 제조기' '마른 수선'이라고 불렀다. 그의 밑에서 견디지 못하고 퇴사하는 직원들이 많아서 붙은 별명이다. 업무를 강요하듯이 밀어붙이고, 회의시간에는 공개적으로 질책하기도 했다.

"당신은 도대체 회사에서 어떻게 일을 하는 거야? 월급 받을 자격이 있는 거야? 담당자라면 책임을 질 줄 알아야지. 일을 똑바로 해야 할 것 아냐. 이럴 거면 조직에 남아 있을 필요가 있나?"

불쾌하고 상처를 주는 표현으로 회의시간마다 직원들은 숨이 막히고 불안했다. 팀원들과 후배직원들은 직급 때문에 아무 말도 하지 못하고 벙어리 냉가슴 앓듯이 마음의 병이 깊어갔다. 한번은 회식 자리에서 분위기가 좋을 때 한 팀원이 말했다.

"팀장님, 직원들에게 조금 잘해 주세요. 다들 열심히 하려고 하는데 팀장님께서 가끔은 조금 민감하실 때가 있는 것 같아요."

그러자 돌아온 대답은 당황스러웠다.

"이 사람아, 그래야 조직이 돌아가는 거야. 강하게 해야 긴장하고 열심히 하는 거지. 저 사람들이 나랑 천년만년 갈 것 같아?"

그는 조직에서 계속 인정받을 것이라고 자신만만했다. 사람들도 그가 말은 거칠지만 조직에서는 오래가겠구나 생각했다. 그런데 한두 해가 지나고 그 팀장은 임원 승진자 심사에서 탈락했다. 그는 조용히 회사를 떠났고, 그를 찾는 후배직원들은 아무도 없었다. 들리는 이야기로는 여기저기 이력서를 넣어보다가 어렵사리 취업했다고 한다. 새로운 직장에 들어가는 과정도 쉽지 않았다. 평판조회에서 좋지 못한 이야기를 들었던 것이다.

존중하는 대화를 하자))

리더는 혼자 일할 수 없다. 상호 의존하면서 협력을 끌어내야 하는 자리다. 그래서 존중이 필요하다. 상대를 존중하면 크게 두 가지 장점이 있다.

첫째, 회사에서 인간관계의 질이 좋아진다. 존중은 건강하고 의미 있는 인간관계의 기반이 된다. 서로 존중하는 관계에서는 감정적인 연결과 지지가 강화된다.

> 박 팀장은 주변에 항상 사람들이 많다. 회식을 하든 회사 동
> 호회를 하든 사람들은 그와 함께하기를 원한다. 그는 360도
> 리더십 평가에서도 상사, 동료, 후배들에게 좋은 점수를 받았
> 다. 상사들은 박 팀장에게 새로운 일을 함께하자고 하고, 후
> 배직원들은 박팀장과 일하면 즐겁다고 한다. 일은 얼마든지
> 힘들 수 있지만 박 팀장과 일하면 그가 상대를 존중한다는 것
> 을 잘 알고 있기 때문이다.

둘째, 상대를 존중하는 문화는 조직에 긍정적인 영향을 준다.
자신을 존중해 주지 않는 곳에서 누가 새로운 생각을 하고, 용
기 내서 한번 도전해 보겠다고 하겠는가? 하지만 존중받으면
스스로 움직인다. 어떤 아이디어를 내더라도 무시당하지 않는
다는 암묵적인 동의가 있기 때문이다. 문제를 해결하는 과정에
서도 배울 점이 있다고 생각해 스스로 동기부여가 되고, 그 과
정에서 구성원은 성장하게 된다 .
회사뿐 아니라 가정에서도 그러하다. 가족 간에는 격식 없이
편하게 대하는 만큼 서로를 존중하기가 쉽지 않다. 하지만 가족

[존중하는 대화 vs 존중하지 않는 대화] : 회사에서의 예시

존중하는 대화	존중하지 않는 대화
편하게 의견을 주세요.	시키는 대로 해.
편한 시간을 알려주세요.	빨리 전달해 줘.
먼저 말씀해 주세요.	내 말을 먼저 들어봐.
언제 시간이 좋아요?	내일 다시 이야기하자.
그래? 그럴 수 있겠네. 한 번 더 구체적으로 체크해 보고 다시 이야기하자.	내가 해봤는데, 그거 안 돼! 꼭 그렇게 안 되는 것만 이야기하냐?
오랜만에 하는 일이거나 새로운 업무 일 수 있으니 좀 더 면밀하게 봐주세요.	입사한 지 몇 년째인데 이걸 못해? 예전에 안 해봤어?
반갑습니다. 회사에 잘 적응하세요.	나이가 몇 살이에요? 어느 학교 나왔어요?

[존중하는 대화 vs 존중하지 않는 대화] : 가정에서의 예시

존중하는 대화	존중하지 않는 대화
잘 챙겨 먹고 시험 준비 잘하면 좋겠다.	빨리 밥 먹고 시험 공부나 해.
어떤 이유가 있었구나?	학원 갔어, 안 갔어?
그래 믿어. 열심히 해봐!	말도 안 돼. 그걸 하겠다고?

간에도 서로 존중하는 말습관을 지닌다면 관계가 더욱 강화된다. 어느 한쪽에 문제가 생기더라도 서로 이해를 통해 쉽게 해결할 수 있다.

배려

주위 사람들에게 도움을 주거나 보살펴주기 위해 마음을 쓰자. 지금 당장은 손해 보는 것 같지만 결국 더 많은 것을 얻게 된다. 배려는 자신의 이익을 포기하거나 남보다 약한 모습을 보여주는 것이 아니다.

내가 먼저 배려하면 상대방도 배려한다))

상대가 먼저 배려하면 기회가 있을 때마다 상대에게 마음을 쓰고 도와주고 싶은 생각이 드는 사례가 있다.

본사 직영 영업소의 직원 중 한 명이 월말 마감서류 봉투 속에 매번 초콜릿을 넣어 보냈다. 초콜릿이 비싼 것도 아니고 대단한 것도 아니지만 항상 고마웠다. 포스트잇에는 이렇게 적혀 있었다.

'선배님, 초콜릿 드시고 기분 좋은 하루 보내세요.'

'선배님, 월말 전국 실적 마감하시려면 많이 바쁘실 것 같습니다. 힘내세요!'

'선배님, 제가 본사 가면 맛난 거 사주십시오. 오늘도 파이팅!'

매번 이런 선물을 받으니 다른 직영 영업소에서 업무 지원이나 업무 협조가 오더라도 그 후배가 생각났다. 그래서 판촉물을 제작해 영업소에 배포하고 난 후 여유 물량이 좀 있으면 그 후배에게 전화해 혹시 더 필요하냐고 물어보기도 했다.

결정적으로 본사에 결원이 생겨 직영 영업소에서 한 사람을 데려오기로 했을 때 그 후배는 여러 선배들의 추천으로 본사의 중요 부서에 발령받았다.

작은 것이라도 배려하면 큰 것으로 돌아온다))

작은 것이라도 배려해 보자. 조직에서 내가 할 수 있는 작은 배려들은 의외로 많다. 영업팀 대리 시절, 생산공장 물류실 출고 담당자와의 사례를 소개한다.

"김 대리님, 이번 추석 물량 때문에 바쁘시죠? 영업팀마다 빨리 출고해 달라는 요청이 많으시죠?"

"네, 요즘 눈코 뜰 새 없네요. 이 대리님, 어쩐 일이세요?"

"저도 물량을 빨리 받았으면 하는데, 방법이 있을까요?"

"지금은 좀 많이 밀려 있는 상태입니다. 먼저 출고 지시가 떨어진 것부터 처리해야 하거든요."

"네, 알겠습니다. 가장 빨리 출고될 수 있는 날짜만 확인해서 알려주시면, 저도 거래처에 미리 연락해 놓겠습니다."

"이 대리님, 막무가내로 빨리 출고해 달라는 경우도 많은데, 저를 이해해 주셔서 고맙습니다."

"아닙니다. 일전에 공장에서 회의할 때도 뵈었는데, 명절 특수 기간에 바쁘신 거 잘 알고 있습니다. 나중에 뵙죠."

(5개월 후)

"김 대리님, 설 명절 물량 때문에 온통 난리입니다. 거래처에서도 물량을 일찍 보내달라는 요청이 늘어나고 있습니다. 혹시 추가 발주를 하더라도 공장에서 대응 가능한 수준인가요?"

"이 대리님, 지난번에도 생산 쪽 많이 배려해 주신 점 잘 기억하고 있습니다. 회의 때도 생산 쪽에서 적극적으로 잘 대응해 주고 있다고 사업부장님과 팀장님들에게 잘 이야기해 주신 것도요. 그래서 저희 쪽에서도 이 대리님의 요청 물량에 대응해 드리려고 미리미리 준비하고 있었습니다. 생산도 관련 부서와 미리 협의해 두었고요. 이 대리님이 원하시는 물량을 맞춰드리는 데 문제없으니 걱정 마세요."

"김 대리님, 해드린 것도 없는데, 정말 감사합니다. 저희 팀장님께도 꼭 전해 드리겠습니다."

김 대리의 배려 덕분에 나는 그해 최대 실적을 올렸고, 이듬해에는 회사에서 최고 성과자로 표창을 받기도 했다. 추석 명절에 작은 부분을 배려한 일로 설 명절 기간에 큰 성과를 낼 수 있는 협력자를 얻은 것이다. 큰 도움이 아니더라도 작은 배려들이 쌓이면 어떤 식으로든 도움이 된다.

배려하면 갈등을 줄일 수 있다))

불에 올려놓은 냄비가 끓고 있을 때 불을 조금만 줄이면 흘

러넘치는 것을 막을 수 있다. 하지만 끓어 넘치려고 하는 냄비 위에 돌을 올려놓으면 결국은 냄비가 폭발하고 만다.

　내 주장을 조금만 줄이고 상대방을 배려하면 갈등을 줄일 수 있다. 주변 사람들과 갈등이 자주 발생하는 사람을 보면 배려가 부족한 경우가 대부분이다.

　　본사 교육 담당자 시절, 나를 늘 배려해 주던 연수원 직원이 있었다. 회사의 연수원은 충청북도 괴산에 위치해 있었다. 지금은 길이 잘 만들어져 있지만 당시만 하더라도 서울에서 2시간을 넘게 가야 하는 거리였다. 회사의 직원들은 정기적으로 연수원에서 진행하는 핵심가치 프로그램에 참여해야 했다. 교육을 준비해야 하는 연수원 담당자는 몇 명이 입소하는지가 항상 중요한 관심사였다. 인원수가 확정되어야 숙소를 배정하고 식사 준비도 할 수 있기 때문이다. 그런데 교육생들이 며칠 남기지 않고 불참 의사를 밝히거나 심지어 하루 전날 불참하겠다는 경우도 있어 어려움이 많았다. 이러한 일로 연수원 담당자와 본사 교육 담당자 사이에 마찰이 발생하기도 한다. 그런데 연수원 담당자는 수시로 변하는 교육 인원에 대해 항상 이런 식으로 배려해 주었다.

"괜찮습니다. 교육 인원 확인하기 어려우시죠?"

"그럴 수 있습니다. 이해합니다."

"교육생들도 바쁘시니 갑자기 불참하셨겠죠."

본사 교육 담당이었던 나는 연수원 담당자에게 항상 미안하고 고마웠다. 계획한 교육 인원수가 줄어들면 얼마나 번거로운지 잘 알기 때문이다.

나는 고맙고 미안한 마음에 간식을 잔뜩 사들고 연수원에 내려갔다. 이후 팀이 바뀌어도 꾸준히 연락하면서 안부를 교환했다. 연수원 담당자는 연수원에서 직접 농사지은 유기농 인삼 몇 뿌리를 맛보라고 보내주기도 했다. 이처럼 배려는 주변 사람과의 관계를 돈독하게 만들어준다.

경청

경청은 대화의 품격을 높여준다. 그리고 경청을 하면 상대방이 먼저 해결책을 떠올리거나 알아차리는 경우가 많아서 잘 듣는 것만으로도 리더십이 발휘되는 효과가 있다.

글이 가진 의미처럼 하자))

조선 시대에 성군이 되기 위한 첫 번째 덕목은 경청이었다. 경청을 중요하게 여겼다는 것은 왕권이 강력했던 시대에 신랄한 비판을 담은 상소들이 올라온 것에서도 알 수 있다. 경청은 한자로 '기울 경(傾)'과 '들을 청(聽)'을 쓴다. 이 한자어에 내포된 의미를 다시 한 번 살펴보자.

첫째, 말하는 상대방 쪽으로 몸을 기울여서 듣는다. 이것은 관심을 가지고 듣는 태도이다. 몸을 뒤로 기대고 듣는다면 어떨까? 거만하고 들을 자세가 안 되어 있다고 느껴질 것이다.

직장에서 직급이나 직책이 높다는 이유로 자신은 의자에 앉아 있고 말하는 상대방을 세워놓고 이야기를 듣는 경우가 있다. 이럴 때 말하는 사람은 경직되어 할 말을 제대로 못하게 된다. 테이블에 마주 앉아 서로 눈높이를 맞추고 경청하는 것이 좋다. 미팅할 때도 의자에 등을 기대거나 한쪽 팔걸이에 팔을 걸치고 듣는 경우가 있는데, 이는 경청하는 자세가 아니다.

둘째, 상대방의 눈을 바라보면서 관심을 가지고 듣는다. 영어에서는 '듣는다'는 의미로 '히어(hear)'와 '리슨(listen)'이 있다. hear는 크게 신경 쓰지 않고 단순히 들리는 대로 듣는 것이다. 반면 listen은 관심을 가지고 듣는 것이다. 'I heard you'는 '나는 당신의 말을 들었습니다'라는 뜻이고, 'I listened to you'는 '나는 당신의 말을 주의 깊게 들었습니다'라는 뜻이다. 부모가 품속에서 옹알이하는 아이의 상태가 어떤지 금방 알아차리는 것처럼 관심 있게 듣자.

잘 듣는 것과 더불어 눈을 마주치는 것도 좋은 태도이다. 눈을 바라보면 여러 가지 장점이 있다.

① 상대방과 신뢰감이 형성된다. 눈을 쳐다본다는 것은 그만큼 진실하기 때문이다.

② 상대방의 말에 집중하고 있다는 것을 보여준다.

③ 핵심적인 내용에 초점을 맞춰서 대화하게 된다.

④ 상대방의 감정을 더 잘 이해할 수 있다.

셋째, 마음으로 듣는다. 상대의 마음에 공감하면서 들으라는 뜻이다. 상대방은 심각한데 듣는 사람은 전혀 그렇지 않거나, 상대의 힘든 상황에 대수롭지 않게 반응하는 것은 마음으로 듣는다고 할 수 없다.

듣는 것이 어려운 3가지 이유))

듣는다는 것은 자신의 감정을 다스려야 하는 일이다. 경청이 어려운 이유로는 세 가지가 있다.

첫째, 내 마음의 상태가 부정적이면 상대방의 말을 비판하려고 한다. 그렇지 않아도 오전 회의에서 상무님께 영업 실적이 좋지 않다는 지적을 들어서 마음이 편치 않은데 팀원이 휴가 이야기를 꺼낸다면 내심 서운한 마음에 부정적으로 대답하게 된다. 부정적인 감정이 경청을 어렵게 하는 것이다.

"팀장님, 제가 이번에 태교여행을 좀 다녀오려고 합니다. 아내에게도 이야기를 해두었거든요. 여름휴가와 연차를 붙여서 좀 길게 다녀오려고 합니다."
"그래, 미리 체크해 두어야 할 것들은 잘 챙겨놓고…. 빠짐없이 잘해 놓고 갔다 와."
"팀장님, 무슨 일 있으세요? 평소에 가족들에게 잘하라고 말씀하셨잖아요?"

둘째, 내 경험에 집중하다 보면 상대방의 말을 제대로 듣지 못한다. 자신의 경험만 가지고 너무 성급하게 판단해 버리기 때문이다.

"팀장님, 이번 직원 교육 때 외부 강사님을 초대했는데, 만족도가 낮게 나왔습니다."
"그러니까 내가 기존에 이용했던 업체를 통해 소개받으라고 했잖아. 다 이유가 있어서 그런 거 아냐."

"그런데 설문지를 자세히 살펴보니 그날이 복날이었는데, 하필 점심으로 준비된 삼계탕 식사가 늦게 준비되었답니다. 급하게 식사하고 점심시간 이후 바로 외부 강사 강의를 들으니, 직원들이 힘들었나 봅니다. 그래서 만족도도 낮게 나왔고요. 같은 강사님의 다른 날 두 번째 차수에서는 점수가 높게 나왔어요."

셋째, 몸이 피곤할 때는 모든 일이 귀찮아진다. 경청을 해야 하는 상황이라면 항상 자신의 몸 상태를 최상으로 해두자.

A변호사는 항상 좋은 컨디션을 유지하려고 노력한다. 규칙적인 운동과 수면을 취하고 술자리에서도 과음하지 않는다. 변호사라는 직업은 의뢰인의 이야기를 자세히 경청하고 핵심적인 내용을 질문하는 일이라서 몸 상태가 중요하기 때문이다.

듣는 것도 연습이고 기술이다))）

　경청을 많이 해본 경험이 있는 사람들은 그렇지 않은 사람들
보다 더 잘 듣는다. 경청하는 기술은 타고나는 것이 아니라 꾸
준히 연습하는 것이다. 코칭 교육과정에서도 경청의 기술을 가
르친다. 보통 내담자의 말에 마침표가 찍힐 때까지 듣는 연습을
한다. 내담자가 이야기하는 내용과 내담자의 감정, 그리고 내면
의 니즈(needs)가 무엇인지 살핀 후 적극적으로 공감하고 추임
새를 넣어가며 경청하는 연습을 한다. 이처럼 경청 능력은 연습
을 통해 개발해 나가는 것이다.

공감

공감은 다른 사람의 감정을 이해하고 공유하는 능력이다. 공감을 뜻하는 영어 'empathy'는 into+pathy, 즉 '감정 속으로 들어간다'는 의미로 풀이할 수 있다. 좋은 말습관을 위해 상대방의 마음이 되어본다는 것이다. 각박한 경쟁사회에서 더욱 필요한 것이 공감이다.

진정한 공감의 의미)))

공감은 다른 사람의 감정이나 의견에 대해 자기도 그렇다고 생각하는 것이다. 그런데 공감의 의미를 잘못 이해하는 경우가 있다. 해외 여행지에서 찍은 멋진 사진이나 맛집의 먹음직스러운 음식을 보고 '좋아요'를 누르고는 상대방에게 공감했다고 생각하는 것이다. SNS에 올라오는 사진이나 글에 '좋아요'를 누르는 것은 공감이라고 할 수 없다.

진정한 '공감'은 다른 사람의 감정이나 상황을 이해하는 것이다. 회의에서 입장이 서로 첨예하게 다른 상대, 서로 다른 조건을 내세우는 거래처, 차량 접촉사고로 지각한 후배의 입장이 되어보는 것이다.

듣는 사람이 성인군자가 되라는 건 아니다))

그런데 공감을 상대방의 상황에 무조건 동의하라는 것으로 잘못 이해하는 사람들이 있다.

"틀린 이야기를 하는데, 어떻게 공감하라는 겁니까?"
"무조건 공감해 준다는 건 동의한다는 뜻 아닌가요?"
"그렇다면 팀장인 리더는 성인군자가 되라는 겁니까?"

공감은 틀린 말에 동의하라는 것이 아니다. 상대방의 입장을 들어보라는 것이다. 틀린 것인지, 맞는 것인지는 이야기를 들어 보고 나서 생각해도 된다. 공감하며 이야기를 들어주다 보면 상대방도 자신의 이야기가 논리적으로 맞았는지 틀렸는지를 스스로 알게 된다.

"집과 회사가 멀어서 출근하는 데 2시간이나 걸린다고? 출퇴근만으로도 체력 소모가 만만치 않겠네."

"생각보다 상반기 성과가 안 나와서 걱정이 많겠네? 올 연말에 승진 평가 대상이라 더하겠어. 그래 충분히 이해해. 선배인 나도 똑같은 경험을 했으니까. 좀 더 힘내자구."

"팀장님이 보고서에 오타가 여러 개 있었다고 화를 내셨다면서요? 속상하시겠어요. 힘내세요. 누구에게나 실수는 있잖아요. 다음에는 작성된 보고서를 저와 함께 크로스 체크해 보는 것은 어때요?"

이렇게 공감을 해주는 동료가 있다면 얼마나 위로가 되겠는가? 상대방의 마음이 되어보는 것은 좋은 말습관을 지닐 수 있는 기본 바탕이 된다.

따뜻한 공감으로 변화된 사례))

파트장으로 일할 때 한 후배직원이 전라도 광주에 아내와 돌지난 아들을 두고 주말부부를 하고 있었다. 한번은 그 후배직원이 내게 말을 걸어왔다.

"파트장님, 드릴 말씀이 있습니다."

"그래. 여기서? 회의실에서?"

"카페에 가서 이야기하면 어떨까요?"

"그래? 무슨 이야기인데 표정이 이렇게 진지한 거야? 지금 바로 가지."

후배는 카페 한쪽 구석에 앉아 아이스라테를 조금 입에 대더니 이야기를 시작했다.

"파트장님, 저 이혼해야 할 것 같아요!"

"뭐라고? 갑자기, 왜 그래? 무슨 일이 있어?"

"아내와 전화로 심하게 다투었거든요. 주말에 안 내려온다고…. 자기는 아이 키우느라 힘든데, 나는 서울에서 혼자 즐기는 거냐고 하지 뭐예요."

주말부부를 하다 서로 서운함이 많이 쌓인 것 같았다. 나는 후배의 이야기를 계속 들으면서 정말 원하는 게 뭔지 물어보았다.

"그래, 나라도 충분히 그런 마음 들겠다."

"파트장님께서 팀장님께 제가 금요일 오후에 연차 쓰는 거 눈치 안 보게 말씀 좀 잘해 주세요. 제가 월요일부터 금요일 오전까지는 정말 열심히 업무에 집중할게요."

"그래, 뭐 어려운 일도 아닌데. 매주 금요일 오후 연차 쓰는 것만 해결해 주면 되는 거지. 알았어, 내가 잘 말씀드려 볼게."

팀장님께 사정 이야기를 하자 "그럼 금요일 오후에는 그 친구를 찾지 않을 테니 알아서 책임지고 일 시켜"라고 허락해 주었다. 후배에게 "팀장님께 허락받았으니, 아내와 싸우지 말고 금요일 오후에 바로 집에 내려가"라고 웃으며 이야기했다. 후배가 나를 향해 두 손으로 하트를 날리던 모습이 지금도 생생하다.

이후부터 그 친구가 달라지기 시작했다. 금요일 제출해야 할 주간보고 등은 목요일 저녁에 모두 마무리했다. 거래처와 소통도 목요일까지 집중해서 처리했고, 금요일에도 업무 공백이 발생하지 않도록 꼼꼼하게 처리했다.

나는 일을 즐겁게 열정적으로 하는 후배가 고마웠고, 거래처에서도 칭찬의 소리가 들려왔다. 실적도 나날이 좋아지고, 아내와의 관계도 좋아졌다.

6개월 뒤 그는 사내 우수사원으로 표창을 받았다. 다음 해에는 광주지역에 정식 영업소가 개설되어, 영업소장 대행으로 일하게 되었다. 그가 나에게 감사의 인사를 전해 왔다.

"파트장님, 그때 제 이야기를 잘 들어주시고 공감해 주셔서 너무 고마웠어요. 저도 후배들한테 그런 선배가 되겠습니다."

논리

논리(論理)는 말하고자 하는 주장에 대해 근거나 증거를 통해 뒷받침하는 것이다. 이때 근거는 어떤 일이나 의견의 바탕이 되는 것이고, 증거는 사실을 인정할 수 있는 재료를 말한다. 근거보다는 좀 더 강력한 것이 증거이다. 조직에서 직급이나 직책으로 아무 일이나 강요하는 시대는 지났다. 어떤 일이든 근거나 증거가 논리적으로 뒷받침될 수 있어야 한다.

상사에게 가장 듣고 싶은 말 vs 듣기 싫은 말)))

고용노동부 취업포털 '워크넷'에서 직장인 2,242명을 대상으로 조사한 결과에 따르면 직장인들이 상사에게 가장 듣고 싶어 하는 말은 '일 없으면 일찍 퇴근해'였다.

[상사에게 가장 듣고 싶은 말]

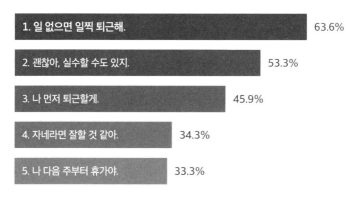

1. 일 없으면 일찍 퇴근해. 63.6%
2. 괜찮아, 실수할 수도 있지. 53.3%
3. 나 먼저 퇴근할게. 45.9%
4. 자네라면 잘할 것 같아. 34.3%
5. 나 다음 주부터 휴가야. 33.3%

출처 : 고용노동부 취업포털 '워크넷'(복수 응답)

상사에게 가장 듣기 싫은 말 1위는 '그냥 시키는 대로 해'였다. 리더는 바쁘다는 핑계로 일방적인 지시를 하고 있지 않은지 되돌아봐야 한다.

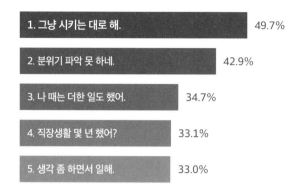

[상사에게 가장 듣기 싫은 말]

1. 그냥 시키는 대로 해. 49.7%

2. 분위기 파악 못 하네. 42.9%

3. 나 때는 더한 일도 했어. 34.7%

4. 직장생활 몇 년 했어? 33.1%

5. 생각 좀 하면서 일해. 33.0%

출처 : 고용노동부 취업포털 '워크넷'(복수 응답)

'결근방'으로 논리적 말하기))

논리적으로 말할 수 있는 방법으로 '결근방'을 기억하자. 다음과 같이 결론과 근거, 방법을 한 번에 제시하는 것이다.

> 결 : 결론을 먼저 말한다. 하고 싶은 이야기를 먼저 한다.
> 근 : 근거를 제시한다. 가장 중요한 근거부터 차례로 제시한다.
> 방 : 방법을 말한다. 앞으로의 계획을 설명한다.

"계획에는 없었지만 이번 달 출시한 신제품에 대한 강력한 프로모션을 다음 달부터 실시해야 합니다.(결론)

경쟁사가 우리가 출시한 제품과 비슷한 콘셉트의 제품을 다음 달 15일에 출시한다고 합니다. 타깃층을 우리가 먼저 선점할 수 있도록 신속하게 움직여야 합니다.(근거)

다음 달 10일부터 현장에서 3+1 덤과 신제품 구매 고객을 대상으로 영수증 추첨을 해서 선물을 증정하는 두 가지 프로모션을 말일까지 시행하는 것이 좋겠습니다.(방법)"

결과변수에 대해 독립변수를 설명하라))))

사회과학에서는 어떤 '결과'에 영향을 주는 것을 '변수'라고 정의한다. 좀 더 정확히 표현하면 변화된 결과는 '결과변수', 원인이 되는 것들은 '독립변수'라고 한다. 이때 각각의 독립변수들이 개별적으로 결과에 영향을 준다. 따라서 결과를 설명할 때 원인이 되는 독립변수를 먼저 설명하면 논리적인 근거가 될 수 있다. 다음은 앞으로 나타날 결과에 대해 근거가 되는 독립변수를 설명하는 사례이다.

"우리가 판매하고 있는 1인용 침구 세트가 3개년 평균 목표 대비 110% 달성률을 상회할 것으로 예상합니다.(결론) 왜냐하면 1인 가구가 3년 전과 비교했을 때 4.3% 증가해 140만 가구 이상 늘어났기 때문입니다.(근거)"

"건강식품을 구매하고 클레임을 접수한 고객이 전년 대비 15% 늘어났습니다.(결론) 이는 전년 대비 판매 건수가 30% 이상 증가했기 때문입니다. 또한 사회적으로 면역력에 대한 관심이 높아졌고, 고객 클레임 접수의 편의를 높이기 위한 애플리케이션 기능을 개선하면서 클레임이 늘어난 것으로 파악됩니다.(근거)"

이렇게 결과에 대한 근거를 제시하면 논리적인 설명이 된다.

배경

배경은 주위를 둘러싼 환경이나 조건으로, 특정한 사건이나 상황을 이해하는 데 필요하다. 배경을 알면 일의 목적과 전체적인 일의 맥락을 이해할 수 있다. 주어진 상황이나 사건의 발생 과정과 결과에 영향을 미치는 전체적이고 다양한 조건들을 알 수 있기 때문이다.

바빠서, 가까운 사이라서 지시만 하는가?))

회사나 가정에서 서로 익숙한 관계일수록 배경은 설명하지 않고 지시하거나 전달하는 경우가 많다. 이때 상대가 충분히 이해한다면 문제없지만, 그렇지 않은 경우 이해력이 떨어지고 오해가 생긴다. 똑같은 말을 해도 배경지식에 따라 다르게 이해할수 있기 때문이다.

회사에 새로운 본부장님이 발령을 받아 오셨다. 오후에 교육장에서 직원들과 간단한 상견례를 하기로 했다. 김 팀장은 급하게 외근을 나가면서 오랫동안 함께 근무한 이 대리에게 교육장 정리를 지시했다.

"이 대리, 교육장 세팅 좀 잘해줘. 책상 줄 잘 맞춰놓고, 뒤쪽에 안 쓰는 책상 좀 치우고⋯. 깔끔하게 정리 좀 해줘. 오후에 교육장 써야 하니까."

이 대리는 김 팀장의 지시에 따라 교육장을 정리하고 있었다. 그때 처음 보는 사람이 와서 물었다. "여기가 교육장인가요? 마이크는 잘 나오나요?" 이 대리는 "누구신데, 그런 것을 물어보시죠?"라고 되물었다. 나중에 알고 보니 새로 부임한 본부장님이 교육장 상황을 사전에 점검하러 직접 오신 것이었다.

오후에는 본부장님의 인사 말씀이 있었다. 이때 주된 메시지는 "우리가 어떤 일을 하더라도 이 일을 왜 하는지, 일의 배경과 목적이 무엇인지를 알고 하자"는 것이었다. 그러면서 "교육장을 세팅하더라도 어떤 목적으로 누가 사용하려고 하는지 알고 하는 것과 모르고 하는 것은 다르다"고 사례를 들었다. 김 팀장은 이 대리에게 미안한 마음이 들었다. 본인이 바쁘더라도, 함께 오래 근무해서 잘 아는 사이라도 일의 배경을 먼저 설명해 주었다면 이런 실수는 없었을 것이라는 생각이 들었기 때문이다.

배경 설명을 하면 좋은 점))

일을 지시하거나 요청할 때 배경을 설명하면 세 가지 장점이 있다.

첫째, 상대가 더 깊이 이해할 수 있다. 그리고 듣는 사람은 질문을 통해 의견을 제시하며 배경지식을 높일 수 있다.

"수고 많지요? 올해와 전년도 실적자료 좀 뽑아줘요"보다는 다음과 같이 말해 보자. "다음 주 월요일 오전에 내년도 사업계획 수립을 위한 워크숍이 예정되어 있습니다. 대표님과 본부장님들, 각 기능부서의 팀장들이 참석할 예정입니다. 관련해서 우리 팀의 올해와 전년도 실적자료를 뽑아주세요." 이렇게 설명하면서 업무를 요청하면 상대방은 일의 목적을 정확히 이해하고, 그에 맞춰 행동하게 된다.

둘째, 공감대를 형성할 수 있다. 업무를 요청하기 전에 배경설명을 해주면 상대방이 업무에 대한 이해도가 높아지고 공감대가 형성되며 더 효과적으로 의사소통을 할 수 있다.

"비용을 절감하도록 하세요"라고 말하면 인색하게 비용을 못쓰게 한다는 오해를 살 수 있다. 하지만 "매출은 좋았는데 회사 자금 상황에 단기적으로 문제가 좀 있다고 합니다. 자금팀에서 관련 부서에 부탁하는 메시지가 있습니다. 당분간 위기대응 계획(contingency plan)을 가동해야 한다고 하니 어렵겠지만 당분간 비용을 절감해야 합니다." 이렇게 배경을 이야기하면 오해도 없고 충분한 공감대가 형성된다.

셋째, 주장하는 내용의 타당성을 높이고 상대방을 설득할 수 있다. 배경 설명이 없는 주장은 자칫 논쟁을 부를 수 있다.

"이번에 공급단가를 10% 인상하는 것은 불가피합니다"라고 말하면 고객사가 쉽게 이해해 줄 리 만무하다. 다른 공급사로 변경할 가능성도 커진다. 하지만 "수입가격에 결정적인 영향을 주는 국제가격지수가 15% 넘게 올랐습니다. 다행히 저희가 보세창고에 보관 중인 물량이 일부 있습니다. 따라서 공급단가를 10% 이상 인상하지 않는 범위 내에서 공급해 드리려고 합니다." 이렇게 배경을 설명하면 고객사도 공급사의 입장을 충분히 받아들일 수 있다.

보스(BOSS)처럼 말하자))

배경 설명을 하면서 좀 더 구체적으로 전달하는 방법으로 'BOSS'를 기억하자. 보스(BOSS)처럼 말하면 상대방이 일의 배경을 먼저 인지하기 때문에 그다음에 따라오는 일의 목적과 범위, 그리고 언제까지 해야 하는지 쉽게 이해할 수 있다.

리더가 BOSS로 업무를 지시하면 구성원의 만족도가 높아지고, 업무 지시가 구체적이고 방향이 명확한 사람이라고 인식하게 된다. 배경을 먼저 말하고 목적과 구체적인 범위, 일정까지 설명하기 때문이다.

> **B** (Background) : 배경
>
> **O** (Objectives) : 목적
>
> **S** (Scope) : 범위
>
> **S** (Schedule) : 일정

B : 다음 주 고객사와 계약 갱신 회의가 있습니다.(배경)

O : 계약을 갱신하도록 설득하기 위한 자료가 필요합니다.(목적)

S : 월별, 품목별 단가를 작년 거래 실적과 함께 주세요.(범위)

S : 이번 주 목요일까지 준비해 주시기 바랍니다.(일정)

사랑

사랑하는 마음이 있다면 나쁜 말이 나올 수 없다. '사랑 애
(愛)'에는 '받을 수(受)'와 '마음 심(心)'이 들어 있다. '상대를
받아들이는 마음' 또는 '상대의 마음을 받아들이는 것'으로 풀
이할 수 있다. 사랑은 사람이 가진 가장 기본적인 감정 중 하
나이며, 좋은 말습관을 길들이는 바탕이 된다.

좋은 말습관과 사랑하는 마음의 관계))

좋은 말습관은 상대방을 존중하고 배려하는 마음에서 비롯

된다. 좋은 말을 하는 사람은 상대방의 마음을 이해하고, 그 사람의 입장에서 생각하게 된다. 플라톤은 사랑의 종류를 7가지(에로스, 플라토닉, 아가페, 루두스, 스토르게, 마니아, 프라그마)로 분류하고 각각의 특징을 정의했다. 7가지 사랑의 공통점은 상대방에 대한 애정과 관심, 그리고 헌신과 희생을 바탕으로 서로를 이해하고 존중하며 함께 행복을 추구한다는 것이다.

반대로 나쁜 말습관은 상대방에게 상처를 주고, 관계를 악화시킬 수 있다. 나쁜 말을 하는 사람은 상대방을 존중하지 않고, 상대의 감정을 무시한다. 또한 나쁜 말은 상대방에게 스트레스와 함께 심각한 정신적·육체적 고통을 줄 수 있다.

좋은 말은 상대방에게 기쁨과 행복을 준다. 따라서 좋은 말습관을 가지는 것은 사랑을 표현하는 가장 좋은 방법 중 하나이고, 세상의 모든 관계는 좋은 말을 통해 유지할 수 있다.

욕은 절대 금물))

어떤 경우라도 욕설을 사용해서는 안 된다. 아무리 뛰어난 외모를 가졌다고 해도 욕을 섞어서 말하는 습관이 있는 사람에게는 매력을 느낄 수 없다. 아무리 능력이 뛰어나도 욕설을 사용하는 사람은 가까이하려고 하지 않는다.

　욕하는 식당으로 유명한 노포를 찾아가 일부러 욕을 듣는 재미를 즐기는 경우도 있다. 하지만 이것은 욕이라고 보기 어렵다. 이해관계가 전혀 없는 불특정한 사람들에게 나이 많으신 욕쟁이 할머니의 말투는 웃음을 선사한다. 오히려 거친 욕에서 따뜻한 인정이 느껴진다.

　하지만 이해관계와 상하관계가 얽힌 조직이나 가정에서는 욕설을 해서는 안 된다. 욕설을 사용하면 우선 상대가 존중과 배려를 느끼지 못한다. 그리고 상대방을 자극해서 분노를 유발할 수 있다. 더구나 불쾌한 감정은 금방 사라지지 않고 오래 남는다. 설령 욕설을 내뱉은 것에 대해 사과를 했다 하더라도 부정적인 이미지를 지울 수 없다.

　따라서 조직에서는 농담이라도 욕설을 섞지 말아야 한다. 한 번의 욕설이라도 분위기를 악화시키고, 사람들 사이에 긴장감을 주기 때문이다. 듣는 사람에 따라서는 장난이 아닌 불쾌함으로 받아들일 수 있다.

응원하는 말))

　응원하는 말은 상대에게 위로와 용기를 준다. 응원의 말을 들으면 희망이 생기고 다시 시도해 보고자 하는 의지가 샘솟는다. 응원의 말은 스포츠 선수들이나 시험을 앞둔 학생들에게만 필요한 것이 아니다. 과도한 스트레스에 직면한 직장인들과 사업을 운영하는 사업가들에게도 필요하다. 병으로 고통받는 환자, 취업을 준비하는 사람들, 새로운 시작을 앞둔 사람들, 자기계발을 위해 부단히 노력하는 사람에게도 응원의 말은 큰 힘이 된다.

"잘하고 있어."

"당신은 잘할 거예요."

"당신은 충분히 잘하고 있습니다."

"당신은 할 수 있다고 믿어요."

"엄마 아빠한테 네가 제일 소중한 사람이야."

직장, 가정, 모임에서 말습관

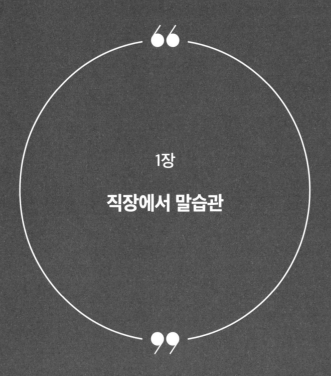

1장

직장에서 말습관

회의를 할 때의 말습관

직장생활에서 물리적으로 정성적으로 많은 역량이 필요한 것이 회의다. 대부분의 프로젝트가 회의에서 시작해 회의로 끝나기 때문이다. 팀 내 회의부터 부서 간 회의, 운영진 회의, 일일 업무회의, 주간회의, 월간회의, 중간중간 갑자기 생기는 즉석 회의까지 수많은 회의를 거쳐 의사결정이 이루어지고 계획이 세워지며 업무가 진행된다.

그렇다면 회의를 할 때 상황에 따라 어떻게 말하는 것이 효과적이고 효율적일까? 이제부터 회의할 때의 말습관에 대해 알아보자.

두괄식으로 말하기))))

회의에서 한 번에 이해할 수 있을 정도로 쉽게 말하는 사람이 있는가 하면, 무슨 말을 하려는 건지 곧바로 이해되지 않는 사람도 있다. 회의에서는 말의 핵심을 먼저 말하는 두괄식으로 말해야 상대방이 쉽게 이해할 수 있다. 두괄식 구조로 말하면 세 가지 장점이 있다.

첫째, 상대방이 핵심을 쉽고 빠르게 이해할 수 있다. 이것은 두괄식 구조의 가장 두드러진 장점으로, 말의 앞부분만 들어도 전체적으로 어떤 말을 하려는 것인지 알 수 있다.

A팀장 : 고객사에 원가 인상에 대해 대표이사의 이름으로 서면을 통해 빠르게 공식적으로 알려야 한다고 생각합니다. 그 이후에 담당자가 고객사를 직접 방문하여 이유를 설명해야 합니다.

B팀장 : 이번 원가 인상이 고객사에 좋지 않은 이미지를 줄 수 있다고 생각합니다. 지금까지 다져온 거래관계에 좋지 않은 영향을 줄까 걱정됩니다. 지금 고객사는 우리 말고도 다른 구매처가 여러 곳 있을 가능성이 큽니다. 우리는 원가 인상이 불

가피하다는 것을 알려야 하지만 시장의 상황을 고려해야 한다고 생각합니다.

어떤 팀장의 말이 좀 더 명확하게 이해되는가? 당연히 A팀장일 것이다. 결과적으로 어떤 행동을 취해야 하는지를 먼저 설명했기 때문이다.

둘째, 회의의 목적을 달성할 수 있다. 회의의 목적은 의사결정을 하거나 현재 상황을 효과적으로 공유하는 것이다.

A팀장 : 오늘 우리가 모인 이유는 내년도 사업계획 수립을 위한 핵심과제를 선정하기 위해서입니다. 부서별로 정리한 여러 과제 중에서 핵심과제를 먼저 선정할 수 있도록 자료를 제출해 주시기 바랍니다.

B팀장 : 지금까지 취합된 부서별 사업계획 자료를 설명해 드리겠습니다. 마케팅부서는 이러이러한 과제를 정리했으며, 영업부서는 이러이러한 과제를 정리했고, 생산부서는 이러이러한 과제를 정리했습니다. 부서별로 정리한 여러 과제 중에서 핵심과제를 먼저 선정할 수 있도록 자료를 제출해 주시기 바랍니다.

A팀장은 회의의 목적을 먼저 설명했다. B팀장은 마지막에 회의의 목적을 이야기하다 보니, 참여자들이 뒤늦게 이해할 수밖에 없다.

셋째, 긍정적인 이미지를 만들어가는 데 도움이 된다. 두괄식으로 말하면 '설명이 명쾌하고 확실해' '생각이 잘 정리되어 있으니 저렇게 말도 잘하는 것 같아'라는 인상을 준다. 두괄식으로 말했을 때 얻을 수 있는 긍정적인 이미지는 다음과 같다.

- 확실하다.
- 명쾌하다.
- 잘 정리되어 있다.
- 평소에 생각을 깊이 한다.
- 자기주장이 뚜렷하다.
- 소신 있다.
- 일을 잘한다.
- 전문성이 느껴진다.
- 저분과 일하면 좋겠다.
- 근거가 뚜렷하다.

이처럼 회의에서는 두괄식으로 말하는 것만으로도 좋은 점이 많다. 우리는 이미 직장에서 두괄식으로 말하는 법을 배워왔다. 기안서나 품의서를 보면 제목과 품의 내용이 100% 두괄식으로 정리되어 있다. 따라서 품의서처럼 말하면 '두괄식 말하기'가 된다.

[품의서]

제목 : 신규 채용 직원 온보딩 과정 1박 2일 시행의 건

표제의 건으로 품의 드리오니, 검토 후 재가하여 주시기 바랍니다. 자세한 사항은 첨부파일로 정리된 것을 참고하여 주시기 바랍니다.

이것을 말로 옮겨보면 이렇다.

"신규 채용 직원 온보딩 과정을 1박 2일로 시행하는 것에 대해 재가해 주시기 바랍니다. 자세한 사항은 첨부파일로 설명해 드리겠습니다."

논리적이면서 설득력 있게 말하기))

회의에서는 두괄식으로 말하는 것 다음으로 논리적인 말하기가 필요하다. 논리적으로 말한다는 것은 자신의 주장을 뒷받침하는 증거와 근거를 제시하여 설득력을 높이는 것이다. 증거를 정확하게 제시한다면 논리적으로 말하고 있다고 볼 수 있다.

그럼 논리적이면서도 설득력 있게 말하는 방법은 무엇이 있을까? 두 가지만 기억하면 된다.

첫째, 숫자나 통계자료를 활용한다. 회의에서 자기의 의견을 먼저 말하고, 증거나 근거를 숫자나 통계자료로 설명하면 설득력이 높아진다.

"지금 마케팅 부서에서 개발하고 있는 간편식 제품은 좀 더 다양한 메뉴들로 구성해 포장 단위를 줄이고 가격을 낮추는 방향으로 연구·개발하는 것이 좋겠습니다. 영업팀에서 현장에 나가보면 최근에 다양한 식사 대용식 메뉴가 출시되고 있습니다. 무엇보다 1인 가구의 증가가 눈에 띄게 높아지고 있음을 통계청 자료에서 찾아볼 수 있습니다. 아울러 전국의 유통 대리점을 대상으로 설문조사한 결과를 봐도 400개 대리점

중 300개 넘는 곳에서 1인 가구를 위한 간편 식사 메뉴가 필요하다고 합니다."

둘째, 자신의 주장과 행동이 일관되어야 한다. 그렇지 않으면 논리가 뒷받침되지 않는다. 이러한 사례를 조직에서 심심치 않게 볼 수 있다.

"회사가 현재 위기상황입니다. 부서별로 운영비를 25% 삭감하고, 불필요한 접대성 경비도 모두 줄일 필요가 있습니다. 고객을 상대로 영업활동을 하거나 고객관리를 하는 영업부서는 올해 남은 기간 동안 거래처와 식사나 술자리 등은 가급적 줄이며 최대한 비용을 줄여야 합니다."

회의에서 이렇게 말한 경영관리 팀장이 외부 고객사도 아닌 부서 회식을 고급스러운 술집에서 하고, 점심식사도 비싼 일식집에서 한다면 이 사람의 주장과 행동은 일관되지 않는다.

의견이 달라도 센스 있게 말하기))

서로 다른 주장과 의견을 조율하는 것이 회의의 목적이다. 의견이 달라도 센스 있는 말로 이견을 좁혀가는 경우가 있고, 큰소리를 내면서 충돌하는 경우도 있다.

두 회사가 서로 협업(co-work)해서 홈쇼핑에 새로운 건강식품을 론칭하기로 했다. 한쪽은 식품회사이고, 한쪽은 제약회사이다. 경영진은 식품회사와 제약회사가 협력해서 만드는 제품이라 많은 기대를 하고 있다. 그런데 제품 개발이 거의 끝나갈 즈음 브랜드를 어떻게 붙여야 할지를 놓고 이견이 생겼다. 서로 자기 회사의 이름을 쓰겠다는 것이었다. 식품회사 마케팅부서는 자사가 소비자에게 더 익숙하다고 주장했고, 제약회사 마케팅부서는 기능성을 강조하는 건강식품이니 제약회사의 이름을 쓰는 것이 더 유리하다고 맞섰다. 서로 팽팽한 기싸움이 벌어졌다.

이때 제품 기획 단계부터 참여했던 홈쇼핑 회사의 실무 담당자가 중재에 나섰다.

"제가 철학자 '헤겔'은 아니지만 '해결'을 할 수 있을 것 같습니다. 정반합이 필요합니다. 지금 회의 분위기는 예리한 칼날처럼 서로가 너무 예민하게 반응하고 있습니다. 칼도 양날을 가지고 있고, 테이프도 양면 테이프가 있지 않습니까? 서로 조금씩 양보해서 양쪽 회사의 이름 한 글자씩 떼어 네이밍을 하면 어떨까요? 제품 뒷면에는 판매원과 제조원 각각의 회사 이름이 들어가니 문제없을 거 같습니다. 그리고 저희가 홈쇼핑 방송을 할 때 두 회사의 이름을 균형 있게 같은 비중으로 언급하겠습니다."

이 중재안에 따라 양쪽 회사는 원만하게 합의했다. 실무자는 '양날의 칼'이라는 표현으로 회의시간의 예민함을 센스 있게 표현했고, 서로의 입장을 조금씩 수용하자는 의견을 '양면 테이프'로 표현하며 문제를 슬기롭게 해결했다.

코칭 & 피드백할 때의 말습관

　코칭(coaching)은 스포츠 선수들에게만 해당하는 것이 아니다. 최근 기업에서는 '코칭 리더십'을 조기에 적용하기 위해 힘쓰고 있다. 인사부서 직원이나 본부장급 이상은 코칭 자격증을 취득하도록 하는 기업도 있다.

　2000년대까지는 통제형·지시형 리더십이 가능했다. 하지만 2010년대에 들어서면서 코칭과 피드백 형태의 리더십이 주목받기 시작했다. 기존의 위계적이고 지시적인 리더십에서 벗어나 직원들의 역량을 개발하고 자발적으로 참여하도록 이끌기 위해서이다.

질문의 힘))

코칭에서 가장 중요한 것은 질문이다. 질문은 코칭 리더십의 핵심이다. 질문을 통해 생각을 끌어내고, 스스로 문제를 해결하도록 도울 수 있다. 코칭에서 질문이 없다면 티칭(teaching)과 다를 게 없다. 질문의 다섯 가지 힘을 알아보자.

첫째, 상대방의 생각을 자극한다. 코칭을 받는 사람은 질문에 따라 생각하게 된다. 질문의 깊이를 더해 가다 보면 더 세밀한 부분까지 생각한다. 코칭이 끝날 때쯤에는 다음과 같은 말을 듣는 경우가 많다.

"제가 평소 생각하지 못했던 것을 생각해 볼 수 있어서 좋았습니다."
"그런 의미가 있을 줄은 생각하지 못했습니다."

둘째, 필요한 정보를 곧바로 얻을 수 있다. 질문이 문제이고 답이 정보가 되어 1:1로 매칭된다. 질문하기 어렵다는 이유로 질문하지 않으면 원하는 정보를 얻을 수 없다.

"질문해 주신 것에 대한 답변은 이렇습니다."

"질문하신 내용에 대해 충분한 답변이 되었는지요?"

셋째, 마음을 열어 공감하게 한다. 질문을 받는 쪽은 객관적으로 생각하기 때문에 공감할 수 있다.

"그렇군요, 선배님. 제 입장에서 바쁘다고 일 처리를 늦게 한 것이, 다음 프로세스에 관계된 분들께도 영향을 주었네요. 다음부터는 전체적인 프로세스의 관점에서 진행해야겠다는 생각이 들었습니다."

넷째, 강압적이지 않게 통제할 수 있다. 개인이나 조직에 불필요한 긴장감을 만들지 않으면서 상대의 행동을 통제할 수 있다. 심리적인 안정감을 가질 수 있다는 것도 장점이다. 질문을 통해 영업부서가 거래처 관리 예산을 자발적으로 절감한 사례가 있다.

"거래처에 대한 접대성 비용을 일부 절감해 볼 수 있겠다는 생각이 듭니다. 저녁식사 횟수를 줄이면 영업활동이 위축될 수 있으니, 식사를 하더라도 1차까지만 하고 사용할 수 있는 비용에 상한선을 둔다면 최소 20%는 절감할 수 있습니다."

다섯째, 상대방을 설득하는 데 효과적이다. 특히 상대방이 생각하지 못했던 부분을 질문했을 때 효과적이다.

"저희 말고 다른 공급사를 검토하고 계시다고 들었습니다. 가격이나 스펙 외에 다른 부분도 검토해 보셨는지요? 저희는 생산 공정에서 철저하게 환경을 고려했습니다. 친환경 납품을 위해 전기 차량을 확보했습니다. 가장 큰 장점은 이번에 새롭게 건립한 물류센터가 인근에 있어서 적시에 안정적으로 원재료 납품이 가능하다는 것입니다. 이러한 부분도 함께 검토하시면 어떨까요?"

열린(개방형) 질문, 닫힌(폐쇄형) 질문))

코칭의 효과를 높이려면 열린(개방형) 질문을 해야 한다. 열린 질문을 하면 상대방이 맞닥뜨린 문제 상황과 해결 방안에 대해 구체적으로 탐색할 수 있다. 열린 질문에는 육하원칙(누가, 언제,

어디서, 무엇을, 어떻게, 왜)으로 대답하게 된다. '예' '아니오'로 대답하는 닫힌 질문으로는 대화를 이어가기 어렵다. 열린 질문을 하면 상대방이 자신의 생각과 감정을 지속적으로 드러낼 수 있다.

경청하고 소통하려는 리더는 열린 질문을 해야 한다. 구성원의 의견을 듣고 이해하는 양방향 소통을 하는 리더 밑에서는 일할 맛이 나고, 조직의 분위기도 좋아진다.

"지금 하는 프로젝트는 어떻게 진행되고 있나요? 다른 팀원에게 도움을 요청할 것이 있나요?"

닫힌 질문으로 일방향 소통을 하는 리더가 이끄는 조직은 분위기가 무겁고 항상 긴장되어 있다. 닫힌 질문은 듣는 사람이 매우 부담스럽고 다음 질문을 받기도 싫어진다.

"이번 주 진행해야 하는 업무는 했나요? 프로세스 점검을 위한 출장은 다녀왔나요?"

열린 질문을 할 때 한 가지 주의할 점은 지나치게 정보를 캐

내려는 듯한 느낌을 주지 말아야 한다는 것이다. 쉽게 대답할 수 있는 것부터 시작해 점차 근본적인 해결 방법과 내면의 감정까지 끌어내는 것이 좋다.

성과를 잘 내기 위한 긍정적 피드백, 건설적 피드백)))

코칭에서 필요한 것이 피드백이다. 피드백은 상대의 행동에 대해 구체적인 반응을 보임으로써, 행동을 강화하고 변화의 기회를 제공하는 것이다. 리더는 목표를 설정하고 과정을 관리하면서 구성원들의 행동을 관찰하여 적절한 피드백을 해야 한다. 피드백을 통해 변화를 이끌기 위해서는 상대의 마음을 여는 기술이 중요하다.

"고객 상담을 위해 고객이 궁금해하는 데이터를 평소에 잘 준비해 두었더니 고객들의 만족도 점수가 눈에 띄게 올랐습니다. 앞으로도 지금처럼 고객 상담을 위해 필요한 데이터를 빠짐없이 확보하면 좋겠습니다. 수고하셨습니다."

건설적 피드백은 현재의 행동에 변화가 필요한 부분을 개선하도록 요청하는 것이다. 결과에 좋지 않은 영향을 줄 것으로 예상된다면 피드백을 통해 바로잡아야 한다. 건설적 피드백에서 중요한 점은 정확한 관찰과 구체적인 내용이다. 추측에 의한 피드백을 하면 상대가 동의하기 쉽지 않고 감정적 갈등으로 이어질 수 있다.

"오늘 보고서에 오타가 있던데, 오타를 자주 내는 것 같아요. 다음부터는 오타를 내지 않도록 주의해 주길 바랍니다"라고 말하면 상대방은 받아들이기 쉽지 않다. "오늘 오타가 있다고 해서 자주 오타를 낸다고 말하는 것은 좀 무리가 있다"고 생각할 수 있다.

"오늘 보고서에 오타가 여러 개 있었습니다. 김 대리가 일도 잘하고 열심히 하는 것으로 알고 있는데, 오타가 많으면 아무리 좋은 내용이라도 좋은 평가를 받기 어렵습니다. 열심히 준비한 보고서가 좋은 평가를 받아야겠지요. 오타가 없도록 꼼꼼히 체크한다면 더 멋진 보고서가 될 거예요."

이렇게 정확한 관찰을 통한 피드백을 해야 상대가 받아들이고 개선할 수 있다.

3S 피드백))

피드백은 언제, 어떻게 해야 할까? 피드백을 제대로 하기 위해서는 3S가 필요하다.

S (Specific) : 구체적으로 말한다.
S (Speed) : 미루지 말고 빠르게 말한다.
S (Straight) : 솔직하게 말한다.

피드백을 구체적으로 하기 위해서는 정확한 관찰이 선행되어야 한다(Specific). 그래야 사실을 가지고 객관적으로 이야기를 나눌 수 있다. 상대방에게 구체적으로 설명해 주어야 행동의 변화를 이끌 수 있다.

피드백이 필요할 때는 미루지 말고 즉시 해야 한다(Speed). 비행기가 처음 출발할 때 방향이 1도만 틀어져도 도착지와 거리가 그만큼 멀어진다. 뉴욕에서 출발한 비행기가 서울로 와야 하는데, 1도가 틀어지면 모스크바에 도착할 가능성이 있다. 이처럼 문제점은 최대한 빠르게 바로잡아야 한다. 그렇지 않으면 "왜 그때 바로 말씀을 안 해주셨나요? 그때 별말씀이 없어서 그대로 진행했습니다"라고 반응할 수 있다.

　마지막으로 솔직하게 말해야 한다(Straight). 자칫 상대가 상처받을 수도 있겠지만 지금의 잘못된 행동이 나중에 어떤 영향을 미칠 수 있는지 솔직하게 설명한다. 솔직하게 이야기하는 것이 진정한 피드백이다. 넷플릭스 전 CTO 패티 맥코드는 "회사는 프로 스포츠팀이지 놀이터가 아니다. 솔직하게 이야기하지 않으면 상대가 '성장할 수 있는 기회'를 빼앗는 것"이라고 말했다.

MZ세대와 소통할 때의 말습관

MZ세대는 1980년부터 2009년까지 출생한 세대를 일컫는다. M세대는 1980년 이후에 태어난 밀레니얼 세대이고, Z세대는 1995년 이후에 태어난 세대를 말한다(참고로 2010년 이후 태어난 세대를 알파세대라고 한다). 이러한 세대 구분은 20대를 보낸 시점으로 나누는데, MZ세대는 이제 20대 후반부터 40대 초반의 나이가 되어 조직에 대거 참여하고 있고, 일부는 조직의 중심으로 성장하고 있다. 따라서 리더는 이제 MZ세대와 잘 소통해야 성과를 낼 수 있다.

MZ세대의 특징))))

MZ세대들은 기존의 세대와 조금 다른 양상을 보인다. 일에 대한 인식도 '개인의 행복을 위한 수단' 정도로 생각한다. 이렇다 보니 일보다는 개인적인 삶을 우선시하고, 경력 관리를 위한 이직도 훨씬 자유롭다. MZ세대는 대표적으로 세 가지 특징이 있다.

첫째, 개인주의가 강하다. 직장생활을 하더라도 워라밸을 중시하기 때문에 야근을 원하지 않는다. 자기 일만 마치면 눈치 보지 않고 퇴근한다.

둘째, 하고 싶은 이야기는 소신껏 적극적으로 발언한다. 일의 의미를 중시하고, 맡은 업무가 자신의 성장에 도움되는지를 중요하게 여긴다. 업무가 '공정'하게 배분되었는지도 꼼꼼히 따진다.

셋째, 스마트 기기를 다루는 데 익숙하고 이를 업무에 활용하는 능력도 뛰어나다.

[각 세대별 조직생활 태도]

구분	베이비붐 세대	X세대	MZ세대
일에 대한 인식	생계수단	어려운 도전	개인의 행복을 위한 수단
일 vs 삶	일 > 삶 : 일이 우선, 생존	일 = 삶 : 일과 삶의 통합	일 ≤ 삶 : 일과 삶의 균형
경력 목표	평생직장	한 우물, 전문성 중시	다양한 경력 또는 창업을 위한 투잡, 스리잡
이직에 대한 인식	"다시 생각해 봐"	"부럽다"	"하루에도 열 번은 생각한다"
최신 기술 인식 / 사용	최초 활용자 / 불안정한	디지털 이민자 / 업무에 필수	디지털 유목민 / 당연한

출처 : 《요즘 것들》 재구성, 허두영, 도서출판 사이다(2018)

새로운 세대가 등장할 때마다 기존 세대의 눈에는 신인류로 비쳐졌다. 1970년대에 출생한 X세대도 20대 때 배꼽티를 입고 시끄러운 음악을 듣는 모습이 기성세대에게는 이상하게 보였다. 그런 X세대가 이제는 MZ세대를 바라보고 있는 것뿐이다. 5,000년 전 고대 이집트 피라미드의 벽화에도 '요즘 것들은 참 버릇이 없어서 큰일이야'라고 적혀 있는 것을 보면 세대 간의 차이는 예나 지금이나 이슈인 것은 변함없다.

MZ세대와 소통하는 방법))

MZ세대와 함께 일하면서 성과를 내기 위해서는 원활한 소통이 필요하다. MZ세대와 소통하는 방법으로 세 가지를 기억하자. 이 키워드는 MZ세대와 일하는 데 중요한 역할을 할 것이다.

첫째, '사바사'를 유념하자. 케바케(case by case, 사안에 따라 다르다)처럼 '사람 by 사람', 즉 사람에 따라 다르다는 의미다. MZ세대가 모두 똑같다는 식으로 대하는 것이 아니라, 한 사람 한 사람을 다른 시선으로 바라보아야 한다. 사람의 성향에 따라 개별적으로 다르게 소통해야 한다는 뜻이다.

- MZ세대는 회식을 싫어한다?

: MZ세대 중에서도 회식을 좋아하는 사람들이 많다.

- MZ세대는 야근을 싫어한다?

: 끝까지 남아서 본인 업무를 온전히 마무리하는 사람들도 많다.

- MZ세대는 유리 멘탈이다?

: MZ세대 중에서는 자기 일에 몰입하는 사람들도 많다.

둘째, MZ세대가 중요하게 생각하는 '성장' 욕구를 이해하고 성장할 수 있도록 도와준다. MZ세대는 이전 세대보다 형제자매가 많지 않기 때문에 부모님의 관심과 적극적인 지원 속에 자랐다. 게다가 MZ세대는 어려서부터 경쟁 속에서 커왔다. 초중학교는 선행학습, 고등학교는 등급제로 친구들이 곧 경쟁자였다. 내신 관리를 위해 하루하루 경쟁 속에 '성장'을 추구한 세대이다.

이들은 20대 무렵에 2008년 리먼브라더스 금융위기를 겪었으며, 2020년에는 코로나 팬데믹을 경험했다. 학창시절 치열한 경쟁 속에서 공부했는데, 사회에 나와서도 이전 세대보다 낮은 경제성장과 굵직한 경제위기로 취업난과 주거난에 시달리고 있다. 상황이 이렇다 보니 다른 사람들보다 잘하고, 어제보다 오늘 조금 더 '성장'해야 한다는 의식이 뚜렷하다.

하루를 신처럼 완벽하게 살아내려는 의지를 담은 '갓생'(신을 뜻하는 'god'과 '인생'을 합친 말로, 생산적이고 계획적인 라이프스타일)이라는 말이 있을 정도로 '성장'을 위해 노력하는 세대이다.

셋째, '공정'을 중요하게 여긴다. MZ세대는 공정하지 않은 것에 대해서는 기존 세대보다 더 확실하게 맞선다. 몇 해 전 SK하이닉스 입사 4년 차 직원이 전년도에 깜짝 놀랄 만한 실적을 올렸음에도 불구하고 구체적인 설명없이 성과급이 지급된 것에 대해 이해가 되지 않는다는 장문의 메일을 CEO를 포함해 전 직원에게 보냈다. 성과급 지급기준에 대한 구체적인 정보를 공개해 달라는 내용이었다. 전체 직원을 대상으로 '공정'을 위해 쏘아 올린 행동이었다. 이후 SK는 최태원 회장이 본인의 연봉을 반납했고, 직원들의 성과급은 영업이익과 연동해서 지급하고, 회사가 우리사주를 발행해 직원들이 구입할 수 있도록 했다.

이처럼 MZ세대는 회사에서 일할 때 나에게 업무가 공정하게 배분되었는지, 그리고 하는 일의 의미와 과정, 결과가 온당한지도 따져본다.

MZ세대와 소통하면서 성과를 내는 리더))))

MZ세대와 소통하면서 성과를 내는 리더들에게는 몇 가지 특징이 있다.

첫째, 심리적 안정감을 준다. 리더는 말 걸기가 불편한 사람이 되어서는 안 된다. 아이디어나 의견이 있을 때, 편하게 다가가서 이야기할 수 있어야 한다. 후배들이나 팀원들이 나에게 쉽게 다가와 자신의 생각을 이야기할 수 있는지 점검해 보자.

"팀장님, 저희 온라인 마케팅 기획안을 일부 변경하는 것이 좋겠어요. 거래처가 우리랑 너무 비슷해서 더 차별화했으면 합니다."
"팀장님, 거래처를 대상으로 한 판촉행사 자료에 오타가 있었습니다. 지금 수정해야 할 것 같습니다. 죄송합니다."

리더 앞에서 자신의 아이디어는 물론 실수까지 솔직하게 털어놓을 수 있는 것은 심리적 안정감이 있기 때문이다. 심리적인 안정감이 없으면 의견을 내지 않고, 일은 하는 척만 하며, 실수를 감추고 넘어간다.

둘째, 업무에 대한 지시가 명확하고, 메시지는 간결하게 전달한다. 소통의 수단은 대면 미팅도 좋고, 문자나 메신저, 이메일 등 어떤 것이라도 상관없다. 모호하지 않고 분명하게 전달하는 것이 중요하다.

> "거래처 샘플을 받아보고 제품과 서비스에 대해 특이사항이 있는지 월요일까지 체크해 줘요."
> "일본 출장보고서는 '시장조사 목적'을 중점으로, 확인할 사항만 간략히 기존 보고서에 맞춰서 준비해 주세요."

셋째, 인정과 칭찬에 인색하지 않다. 일하는 과정에서 잘한 점에 대해 곧바로 아낌없이 칭찬해 주면 자연스럽게 동기부여가 된다. 결과뿐 아니라 과정에서도 잘한 부분이 있으면 인정해 주고 더욱 독려한다.

> "여러분, 모두 맡은 업무를 완벽하게 준비해 주었기에 잘 끝났습니다."
> "목표는 100% 달성하지 못했지만 끝까지 노력해 준 여러분 모두 정말 수고 많았습니다."

업무를 지시할 때의 말습관

리더는 혼자 일할 수 없다. 리더는 구성원들과 함께 공동의 성과를 내기 위해 업무를 지시하고 점검하고 올바른 방향으로 이끄는 역할을 한다.

하지만 이제는 업무 지시를 업무 요청의 관점으로 바꾸어야 한다. 시대가 변화함에 따라 조직문화도 바뀌었다. 리더와 구성원이 수직적인 관계가 아닌 서로 수평적인 관계에서 각자의 능력과 역량으로 공동의 목표를 달성해 나간다. 수평적 관계를 위해 호칭도 서로의 직급이나 직책을 부르는 것이 아니라 ○○님으로 통일하는 기업들도 많다.

지시보다는 요청)))

이제 리더는 지시(指示)보다 요청(要請)을 해야 한다. 상사와 부하라는 개념도 바뀌었다. 모두 다 같은 구성원이고, 단지 역할만 다를 뿐이다.

일반적으로 목표를 달성하기 위해 업무를 관리하는 것이 리더의 역할이다. 여기에서 관리란 통제하는 것이 아니다. 업무 담당자가 추진하려고 하는 계획에 대해 점검하고 올바른 방향으로 나아갈 수 있도록 요청하는 것이다.

나 역시 현업에서 리더 역할을 할 때 지시보다 요청이라는 단어를 사용해 왔다. 업무 요청은 수평적으로 협업을 끌어낼 수 있는 좋은 방법이다.

> (요청) "김 대리, 고객사와 미팅 날짜를 잡고, 회의 안건에 대해 준비해 주세요. 내가 중점적으로 소통해야 할 내용이 무엇인지도 점검해서 알려주세요."
>
> (지시) "김 대리, 고객사와 미팅 날짜 잡았어? 회의 안건에 대해서는 빨리 준비하고, 다 되면 곧바로 보고해."
>
> (요청) "이 과장, ESG의 내재화를 위한 활동에 수고가 많습니

다. 직원들과 거래처 모두 ESG 경영을 실천해 ESG 경영지표를 함께 달성할 수 있기를 기대합니다."

(지시) "이 과장, 최대한 빨리 ESG의 내재화를 달성해야 해. 직원들과 거래처 모두 ESG 경영지표를 달성하자구."

한두 번의 지시는 통할 수 있겠지만 일방적으로 계속되는 지시는 사람을 지치게 한다. 결국 리더의 지시에 건성으로 대응하게 되고 업무 효율은 떨어진다.

[지시 vs 요청할 때 나타나는 현상]

지시할 때 나타나는 현상	요청할 때 나타나는 현상
수직적 관계	수평적 관계
일방적 소통	쌍방향 소통
관리, 통제	점검, 자율
문제 해결자는 지시자	문제 해결자는 요청받는 사람
하고 나서 확인을 받는 것	하고 나서 결과를 공유하는 것
지시받은 만큼만 행동	자기 업무 완결성을 위해 행동
지시받을 때 긴장, 경직	요청받을 때 건강하게 고민

기다림보다는 질문)))

질문하지 않아서 일을 망치는 경우가 있다. 그래서 일하는 중간중간 질문을 통해 상황을 체크해야 한다. 질문은 리더 자신뿐 아니라 구성원을 위해서도 꼭 필요하다.

> 월요일에 담당자에게 업무를 요청하고, 금요일에는 결과물을 받아서 주말에 정리한 후 월요일에 있을 리더 회의시간에 발표해야 한다. 그런데 월요일에 요청한 업무에 대해 목요일이 되었는데도 아무 말이 없으면 불안하고 걱정된다. 자료를 뽑고 정리하는 데 꽤 많은 시간이 필요하고, 형식에 맞춰서 정리하기도 쉽지 않을 텐데 목요일 오후까지 아무런 이야기가 없다. 금요일 점심을 먹고 오니 팀원이 찾아와서 이렇게 말한다.
> "팀장님, 막상 해보니 데이터가 엄청나게 많습니다. 로데이터(raw-data, 미가공 상태의 자료)를 다운받는 데 시간도 오래 걸리고 데이터를 돌리는 것도 한 번 실수하면 로딩이 엄청나게 걸려서 오늘까지 못 할 것 같습니다. 죄송하지만 다음 주에 보고드려야겠는데요."

분명히 시간이 좀 걸리는 일이니 미리 챙기라고 말했는데, 이제 와서 어쩔 수 없다는 식이다. 업무 요청을 하고 나서 중간중간 확인했어야 했는데, 그렇지 않았기에 문제가 생기고 말았다. 하지만 리더가 모든 것을 하나하나 챙길 수 없는 노릇이다. 따라서 중간중간 진행상황을 확인할 수 있도록 사전에 소통하는 것이 필요하다.

"이 데이터는 시간이 오래 걸릴 거야. 그래도 리더 회의에 꼭 필요한 자료야. 오늘이 월요일이니 수요일까지는 데이터를 한 번 전체적으로 돌려보자고. 그러면 어떻게 할지 계획이 잡힐 거야. 수요일에 내가 혹시 깜빡하지 않도록 이야기 좀 해줘. 그러고 나서 전산팀에 협조를 구해야 하는지도 검토해 보자고. 사업계획에 꼭 필요한 팩트를 점검하기 위한 기초자료이니 신경 써줘."

업무를 요청할 때 이처럼 중간 점검에 대해서도 언급하면 팀원이 스스로 챙길 수 있다.

성장을 위한 피드백이 필요한 세대와 함께 일하는 당신)))

Z세대는 피드백의 세대라고 해도 과언이 아닐 것이다. 이들은 중간고사나 기말고사가 끝나면 자기가 어떤 이유로 이 점수를 받았는지 확인해 달라고 하는 세대이다. A+를 받아도 본인이 좋은 점수를 받은 이유를 알아야 한다. 이들이 피드백을 중요하게 여기는 이유는 앞으로 본인의 '성장'에 도움이 되기 때문이다.

지금 리더는 결과와 함께 과정도 매우 중요하게 생각하는 세대와 일하고 있다. 따라서 성장을 위한 피드백은 어떻게 해야 하는지 구체적으로 알아두어야 한다.

관찰을 통해 팩트를 기본으로 하는 피드백)))

피드백할 때 가장 중요한 것은 정확한 관찰이다. 제대로 관찰해야 현상을 올바르게 판단할 수 있다. 우리는 보통 현상에 대해 '관찰'하기보다 '추측'하기 때문에 올바른 피드백이 되지 않는다. 관찰하면 객관적인 피드백이 가능하고, 추측하면 주관적인 피드백을 하게 된다.

예를 들어 20분 지각한 직원에 대해 다음과 같이 추측으로 피드백을 하면 거부감이 먼저 들게 마련이다.

(추측) 김 주임, 오늘도 지각했네? 전에도 지각하지 않았나?

(추측) 직장생활하는 사람이 시간을 못 지키면 어떡해? 한두 번이 아닌 것 같은데?

(추측) 원래 이렇게 시간을 못 지키나?

하지만 관찰을 통해 피드백하면 상대도 인정할 수밖에 없다. 본인이 20분 지각했다는 것과 근태에 문제가 있으면 제대로 인정받기 어렵다는 것은 객관적인 사실이기 때문이다.

(관찰) 김 주임, 오늘 20분 지각했네요. 직장생활을 하면서 일을 잘하더라도 근태가 문제되면 제대로 인정받기 어려워요. 앞으로는 지각하지 않도록 주의해 주세요.

다음은 리더들이 피드백을 할 때 주로 실수하는 것들이다. 관찰을 통한 피드백을 연습해 보자.

행동	관찰	추측
1. 직원은 본인이 20분 지각한 것을 알지 못한다.		V
2. 이 대리가 회의 때 준비한 PPT 자료가 부실하다.		V
3. 김 과장은 거래처 미팅 때 집중을 못 한다.		V
4. 유 차장은 회의 때마다 본인이 맞다고 강조한다.		V
5. 오 대리는 출장 보고를 기한 내에 제출하지 않았다.	V	
6. 유 대리보다 이 대리가 더 열정적이다.		V
7. 최 대리는 항상 바쁜 것 같다.		V
8. 장 과장은 인보이스 증빙을 빠뜨렸다.	V	
9. 회의가 끝나고 모두 회식을 하고 싶어 한다.		V
10. 회의 때 내 발언에 모두 찬성한다.		V

구성원의 강점을 성장으로 연결시켜 주는 리더))

리더는 구성원의 강점을 활용하여 성장을 이끌어야 한다. 강점을 활용하면 차별화할 수 있지만, 약점을 보완하려면 시간이 오래 걸리고 보완하더라도 평준화밖에 안 된다.

구성원의 강점을 활용하면 좋은 점들이 많다. 구성원이 즐겁게 일할 수 있고, 일에 몰입하는 속도가 빠르고, 좋은 결과가 빠르게 나타난다. 하지만 구성원의 약점을 보완하려고 하면 일에 몰입하지 못하고, 일하는 속도도 느리고, 업무 품질을 확신하기 어렵고, 결과가 늦게 나타난다. 당연히 좋은 결과도 담보하기 어렵다.

"이번에 300명이 넘는 영업조직 해외연수 프로그램을 진행해야 하는데, 두 사람이 수고 좀 해줘야겠어요. 김 대리는 해외연수 프로그램 중에서 연회 쪽 행사를 기획하고 실행까지 진행해 주세요. 이 대리는 공항 출발부터 귀국까지 전체 프로그램을 기획하고, 이 부분은 여행사와 잘 협업하도록 하세요. 전체 행사의 PM은 이 대리가 맡고, 연회 행사는 김 대리가 진행하는 것으로 합시다."

결과는 훌륭했다. 평소 아이디어가 많고 실험정신이 높은 김 대리는 연회 프로그램에서 한 번도 다뤄보지 않은 것들을 훌륭하게 소화했다. 행사가 끝난 이후에 임원 한 분은 "이번 연회를 준비한 담당자는 이벤트 회사를 하나 차려도 될 만큼 훌륭했습니다"라는 말까지 했다.

전체 행사를 처음부터 끝까지 운영한 이 대리도 좋은 결과를 얻었다. 평소에 업무가 꼼꼼하고 주도면밀하다는 이야기를 들어온 이 대리는 이번에도 어김없었다. 참가자들이 이동하는 동선도 매끄럽고, 행사 중간중간의 일정도 여유 있고 알차게 구성했다. 참가자들에게 전달한 개인 선물까지 모두 만족할 정도였다. 팀장은 행사가 끝난 후 이렇게 말했다.

"이번 프로그램은 이 대리와 김 대리 두 사람이 함께 맡아 진행했습니다. 두 사람의 강점을 서로 잘 활용해 어느 때보다 좋은 결과를 만들었습니다. 해외연수에 참여했던 내부 직원들과 외부 영업소에서 참가한 분들까지 모두 만족한 행사였습니다. 이번 행사를 통해 두 사람이 많은 성장을 했습니다. 앞으로도 더 많은 성장을 할 수 있도록 응원해 줍시다."

갈등을 해결할 때의 말습관

여러 사람들이 함께 모여 일하는 조직에서 갈등은 불가피하다. 이때 갈등을 제대로 관리하지 않아 팀워크가 무너지면 회복하기 쉽지 않다. 따라서 리더는 심각한 갈등이 생기지 않도록 미리 체크할 뿐 아니라 갈등이 생겼을 때 곧바로 해결하는 능력을 갖춰야 한다.

갈등의 개념))))

갈등은 둘 이상의 행동 주체들이 조화를 이루지 못해 발생하는 현상이다. 갈등(葛藤)은 한자어로 '칡 갈(葛)' '등나무 등(藤)' 을 사용하는데, 칡과 등나무가 반대 방향으로 타고 올라가면서 서로 엉킨다는 뜻이다.

갈등이 생겨나는 이유는 간단하다. 서로의 가치관과 입장, 그 에 따라 원하는 것이 다르기 때문이다. 회사라는 조직에서는 한 정된 자원으로 성과를 내려다보니 입장 차이가 더 분명하게 나 타난다. 같은 팀 내에서도 의견이 갈릴 수 있고, 관련 부서와 이 해관계 속에서 갈등이 빚어지기도 한다. 회사와 고객 간에도 갈 등이 생길 수 있다.

갈등의 원인	내용
한정된 자원	물질적인 자원(돈, 자재, 원료 등)
	비물질적인 자원(직위, 명성, 권한 등)
목표와 가치 인식 차이	장기 또는 단기적인 계획과 목표의 인식 차이
	목표 달성을 가로막는 장애물의 인식 차이
	가치에 대한 인식 차이
상호의존성	커뮤니케이션 문제(오해, 편견, 견해)
	책임 영역에 관한 문제

갈등은 해결하는 것이 아니라 관리하는 것이다))

갈등을 완전히 해결하기는 쉽지 않다. 그보다는 갈등을 잘 관리하는 쪽으로 접근해야 한다. 한쪽에서 원하는 것을 얻었다고 해서 갈등이 해결되는 것이 아니다. 당장은 해결된 것처럼 보여도 관계가 지속되는 과정에서 크고 작은 갈등은 항상 존재한다. 그렇다면 서로의 입장을 이해하고 관계를 발전시켜 나가는 '갈등관리'의 사례를 살펴보자.

> 물류 업무를 담당하는 송 과장은 영업팀에서 B2B 신규 거래처가 확보되면 거래처를 대상으로 일주일 이내에 제품을 배송하는 업무를 맡고 있다. 송 과장은 영업팀과 싸우는 것이 하루 업무의 절반을 차지한다.
>
> "영업 쪽에서 요청을 한두 번 받는 것도 아니고, 무슨 말인지는 알겠는데요. 일주일이라는 규정이 있는데 매번 이렇게 3일, 5일 이내에 배송을 해달라고 하면 어떻게 하자는 겁니까? 안되는 거 알면서 자꾸 이렇게 하면 어떻게 합니까? 물류팀은 영업팀에서 하라고 하면 모두 해야 합니까? 규정이 7일이면 그 날짜를 지켜야 하는 것 아닙니까?"

영업팀의 입장은 또 달랐다. 기존 거래처와 멀리 있지 않은 신규 거래처이니 물류팀에서 조금만 관심을 가지고 관련 업체에 요청하고 전산 시스템을 조금만 수정하면 얼마든지 해줄 수 있는 문제가 아니냐는 것이었다.

얼마 후 송 과장은 새로운 보직을 받아 관련 부서로 발령을 받았다. 그 부서에서는 김 대리가 송 과장과 같은 업무를 처리하고 있었다. 그런데 영업팀과의 관계가 송 과장과 달랐다. "네, 수고 많으셨습니다. 새로운 거래처 메일 확인했습니다. 규정상 7일 이내에 물량이 출고되어야 하는데요. 제가 확답은 못 하겠지만 하루라도 빨리 조치해 보겠습니다. 오늘 오후까지 확인하고 연락드려도 될까요?"

김 대리도 규정대로 7일 이내로 출고하면 된다는 것을 누구보다 잘 알고 있다. 하지만 그는 영업팀과의 관계에서 일어날 수 있는 갈등을 적절하게 관리하고 있었다. 7일 이내 출고가 규정이지만 영업팀의 입장을 이해하고 앞당기기 위해 노력해 보자는 것이었다. 김 대리는 연말에 영업팀의 추천으로 우수사원 표창까지 받았다. 영업팀의 추천 이유는 다음과 같았다. "김 대리는 언제나 영업팀의 입장을 이해해서 한 번 더 확인하고, 가능한 쪽으로 알아보겠다고 응대해 줍니다. 이러한 태도로 거래처에 우리 회사의 이미지를 높이는 데 도움을 주었습니다."

갈등을 잘 관리하면 긍정적 영향을 준다)))

갈등은 흔히 부정적인 것으로 여겨지지만, 긍정적인 측면도 있다. 갈등의 긍정적인 면은 크게 세 가지로 꼽아볼 수 있다.

첫째, 갈등을 잘 관리하면 문제의 원인을 파악하고 해결책을 찾는 데 도움이 된다. 갈등이 없으면 무엇이 문제였는지 알 수 없다. 갈등의 당사자들은 서로 의견을 공유하고 토론함으로써 문제를 더 깊이 이해하고 해결책을 찾을 수 있다.

둘째, 비 온 뒤에 땅이 굳어진다고 했듯이 관계를 개선하는 데 도움이 된다. 당사자들은 갈등을 통해 서로의 생각과 감정을 이해하고 존중하게 된다. 또한 갈등을 해결하고 나면 관계가 더 돈독해진다.

셋째, 개인의 성장과 발전에 도움이 된다. 갈등을 해결하는 과정에서 자신의 의견을 표현하고 타협하고 협력하는 능력을 향상할 수 있다. 또한 자신의 한계를 극복하고 새로운 것을 배우게 된다.

내가 과장일 때 후배직원이 한 명 채용되었다. 임원 한 분이 신규 프로젝트를 맡았는데, 나와 외부에서 영입한 김 과장이 합류했다. 나와 김 과장은 나이와 경력에서 1년 정도 차이가 났고, 선배와 후배로 사이좋게 지내며 의기투합했다. 그런데 6개월이 지나자 조금씩 갈등이 생겨나기 시작했다.

"선배님, 이건 아닌 것 같아요. 도와주기로 했잖아요."

"그래, 도와주어야 하는 건 알지. 하지만 이런 부분은 혼자 해결할 수도 있잖아?"

"저는 외부 영업 채널 전문가로 왔고, 선배님은 이곳에 오래 계셨으니 내부 살림을 책임져 주셔야죠."

"그렇지. 하지만 내가 외부 매출과 관련한 내부의 마감 업무를 담당하는 것이지, 후배가 잘못 발행한 인보이스를 수정해 주는 업무는 아니잖아?"

우리는 업무에 대한 관점의 차이로 인해 관계가 서먹해졌다. 하지만 서로 갈등 해결을 위해 노력했고, 시간이 지나 관계가 회복되었다. 그 과정에서 업무 범위를 더 명확하게 정리했다. 그리고 우리는 새로운 프로젝트를 성공적으로 해결하여 하이퍼포머(high performer, 높은 성과를 내는 사람)라는 평가를 받았다.

갈등해결의 유형))

갈등을 해결하는 방식은 사람마다 다르다. 다음의 표에서 X축은 상대방 중심, Y축은 자기 중심이라고 했을 때 강요형, 회피형, 타협형, 양보형, 협력형으로 구분할 수 있다.

강요형은 자기만의 방식으로 갈등을 해결한다. 사람들이 다루기 꺼리는 이슈에 대한 의사결정을 할 때 유리하며, 신속한 해결이 장점이다. 단점은 강요받는 쪽이 포기하는 승-패(win-lose, 나는 이익을 보고 상대방은 손해)의 결과를 초래한다는 것이다.

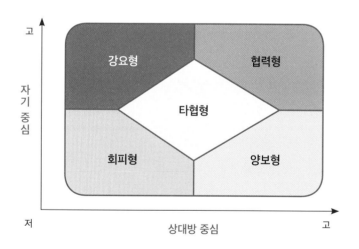

출처 : Thomas-Kilmann Conflict Model

회피형은 '나는 잘 모르겠다' 또는 '좀 더 생각해 봐야겠다'는 식으로 갈등을 피하는 유형이다. 갈등이 해결되었다 하더라도 효과보다 손실이 더 클 때, 평정을 취하고 관점을 재정리할 필요가 있을 때 유리하다. 단점으로는 서로 패-패(lose-lose, 양쪽 모두 손해)의 결과를 초래한다는 것이다.

타협형은 신속한 합의를 위해 적절한 해결책을 빠르게 찾는 유형이다. 질질 끌면 혼란과 괴로움만 줄 뿐이라고 생각한다. 시간적인 압박이 있을 때, 상대방과 배타적인 목표일 때 유리하다. 타협형은 자기주장의 일부를 포기할 수 있다.

양보형은 직면한 문제가 관계가 나빠지는 것만큼 중요하지 않다고 생각해 일단 원만한 관계를 유지하는 것이 최선이라고 생각한다. 조화를 유지하는 것이 무엇보다 중요할 때, 상대방의 이슈가 더 중요한 경우에 유리하다. 단점으로는 표면적으로 조화로운 것처럼 보이지만 문제점이 해소되지 않고 계속 남아 있다는 것이다. 자신에게 불리한 패-승(lose-win, 나는 손해이고 상대는 이익)의 결과를 초래할 수 있다.

협력형은 문제를 함께 해결하려고 한다. '내 생각은 이런데 그쪽의 생각은 어떠신가요?'라며 최선의 해결책을 찾으려는 유형이다. 상대방과 동등한 입장임을 강조한다. 단순 타협보다 적극적인 해결이 필요할 때, 양쪽의 합의가 절대적으로 필요할 때 유리하다. 서로의 능력과 가치, 전문성을 최대한 활용해 창조적으로 문제를 해결하는 과정에서 승-승(win-win, 양쪽 다 이익)의 결과를 만든다.

리더인 당신의 갈등해결 유형은 어떠한가? 어느 한 가지 유형을 고집하기보다는 어떤 상황에서 어떻게 행동하는 것이 유리한지에 따라 선택하는 것이 좋다. 이때 갈등을 예방하고 해결하는 단순하고 강력한 방법이 있다. 바로 공동의 목표에 집중하고, 업무방식의 기준을 세우는 것이다.

팀원들의 갈등을 효과적으로 해결하고 관리하는 두 가지 방법을 살펴보자.

공동의 목표에 집중하라))

첫째, 구성원들에게 공동의 목표를 명확하게 인식시키는 것이다. GE의 회장이었던 잭 웰치는 "회사가 직원들에게 새로운 것을 전달해서 알게 하려면 700번을 반복해야 한다"고 말했다. 나 역시 팀장 시절에 공동의 목표를 수없이 강조했다. 회사 내에 현수막을 내걸기도 하고, 모니터에 포스트잇을 붙이기도 했다. 회의나 미팅 때도 공동의 목표를 강조했다. 구성원들이 공동의 목표를 인식하면 같은 방향을 추구할 수 있기 때문이다.

'내가 좀 양보하더라도 공동의 목표를 빨리 달성하기 위해 협업이 필요하지 않을까?'

'우리 팀의 공동 목표를 달성하는 데 지금의 갈등 상황이 아무런 도움이 되지 않을 것이다.'

'내가 먼저 지나간 일은 잊고 앞으로 나아가기 위해 협업해야겠다.'

리더는 팀원들이 공동의 목표를 명확하게 인식할 수 있도록 상시적이면서도 지속적으로 반복해야 한다. 갈등 상황이라면 더더욱 그렇다. 리더가 심판관처럼 잘잘못을 구분하려고 하면 오히려 갈등이 더 악화될 수 있다. 리더는 갈등이 있는 팀원을 개별적으로 불러 공동의 목표를 진정성 있게 전달하고, 팀원이 공동의 목표를 얼마나 잘 인식하고 있는지 질문하고 점검해야 한다. 이 과정에서 팀원은 스스로 갈등 상태를 개선하려고 한다. 이것은 코칭의 문제해결 과정과 비슷하다.

업무방식의 기준을 세워라))

둘째, 일하는 방식의 기준을 세운다. 팀원들 간의 갈등은 업무처리 방식의 차이로 생기는 경우가 많다. 팀장과 팀원 간, 부서와 부서 간의 갈등도 마찬가지다. 팀원들이 공동의 목표를 인식하고 있다고 해서 일하는 방식까지 같은 것은 아니다. 따라서 팀원들이 공통의 업무 프로세스를 인식하도록 안내하고 코칭해야 한다. 팀원들이 일하는 방식을 충분히 인식하고, 특히 협업 방식에서 합의점을 찾는 것이 리더의 역할이다.

예를 들어 어떤 문제에 대해 보고할 경우 전화나 문자, 보고서 등 다양한 방식을 선호할 수 있다. 이때 세세한 부분까지 매뉴얼을 정해 두면 갈등이 훨씬 줄어든다.

[일하는 방식의 기준을 세워두면 좋은 항목]

No		일하는 방식
1	회의 준비	회의 개시, 장소, 리마인드, 참석 대상 결정 등
2	회의 진행	회의 소요시간, 의사결정 방법
3	회의 이후	회의록 작성, 회의 후 조치 기한 등
4	보고 방법	구두 보고, 서면 보고, 문자 보고 등

5	보고 형태	품의서 형태, 보고서 형태, 단순 레터 형태
6	메일 작성	메일 작성 기준 서식 필요 여부
7	메일 수신	메일 수신 후 회신 여부, 회신 기한 여부
8	직장 예절	호칭 사용, 인사, 전화 응대, 외부 손님 응대
9	인사평가	인사평가 방법에 따른 다양한 프로세스
10	기타	업무 리뷰 방법 등 조직마다 각기 다른 일하는 방식

갈등을 개선하는 7가지 전략)))

까다롭고 불편한 사람 때문에 빚어진 갈등을 개선하는 일곱 가지 방법을 소개한다.

첫째, 내 주장이 모두 맞다고 생각하지 말자. 내 주장도 수많은 의견 중 하나일 뿐이다. 직장생활에 자신만만한 사람일수록 자기 생각이 모두 옳다는 착각에 빠질 위험이 있다. 갈등이 있을 때 한 발짝 물러서서 다른 사람의 생각이 나와 다를 수 있다는 것을 상기하자. 누구의 생각이 맞느냐보다 미래에 어떤 일이 일어날 것인지에 초점을 맞춰야 한다.

둘째, 내 생각이 확증편향이 아닌지 점검한다. 보고서에 오타가 있다고 해서 보고서를 작성한 사람이 원래부터 꼼꼼하지 못한 사람, 놓치는 게 많은 사람이라는 편견을 가지지 말자.

셋째, 흑백논리로 구분하지 않는다. 흑백논리로 구분하면 누군가 하나는 포기하거나 양보해야 한다. 어느 한쪽이 불만을 가지는 것이 아니라 서로 윈윈(win-win)하는 관계가 되어야 한다. 흑백이 아니라 다채로운 색깔을 인정하면서 조화를 이뤄나간다.

넷째, 공동의 목표를 인식한다. 갈등해결을 위한 가장 단순하고 강력한 해결 방법은 서로의 목표를 명확하게 인식하는 것이다.

다섯째, 상대방에 대해 험담하지 않는다. 험담은 갈등을 증폭시키고 결국은 험담하는 사람에게 불이익이 돌아온다. 험담 대신 갈등으로 인한 부정적인 감정을 정리할 다른 방법을 찾아본다.

여섯째, 갈등을 해결했던 과거의 경험을 활용한다. 누구나 갈등을 해결해 본 경험이 있을 것이다. 감정을 조금만 내려놓고 과거의 경험에서 해결 방법을 찾아본다.

일곱째, 상대방에게 갈등을 해결하고 서로 좋은 관계를 만들어 나가자고 제안한다. 상대가 갈등을 벗어나려는 의지가 있을 때 더 효과적으로 해결될 수 있다.

회식을 할 때의 말습관

회식 때문에 스트레스를 받는 40대 리더를 만난 적이 있다. 본인은 회식을 하고 싶지 않은데, 다른 부서에서 회식하면 '우리 팀은 왜 회식을 안 하냐?'는 이야기가 나온다. 그런데 막상 회식을 하려니 의견도 다양하고, 어떤 장소에서 어떻게 해야 할지도 모르겠다는 것이다. 하지만 회식은 업무의 일환이라고 할 수 있을 정도로 필요한 자리다.

회식을 꼭 해야 하나 🔊

회식은 단순히 술을 마시는 자리가 아니다. 구성원들이 서로를 알아가고, 유대감을 형성하는 시간이다. 새로 입사한 신입, 경력 직원을 환영하는 자리가 되기도 한다.

업무 시간에 자기 일만 하다 보면 주변의 동료가 어떤 일을 하고 있는지 잘 모른다. 그런 경우에 회식 자리에서 서로의 정보를 공유하고 본인 업무에 참고할 수 있다. 또 회사의 비전과 관련한 메시지를 공유하거나 덜 딱딱한 분위기에서 회사에 대해 좀 더 자세히 알 수 있다. 리더는 회식을 전략적으로 활용해 소통과 더불어 조직의 분위기를 파악하는 데 이용해야 한다.

MZ세대가 희망하는 회식 🔊

MZ세대가 희망하는 회식은 과거와는 완전히 다르다. 모든 사람들이 빠짐없이 식당에 모여 큰 소리로 건배사를 외쳐가며 술잔을 돌리는 시대가 아니다. MZ세대는 재미있고 새로운 경험을 할 수 있는 회식을 원한다. 강압적인 집합이 아니라 각자 의미를 가지고 자발적으로 참여하고 싶어 한다.

MZ세대는 단순히 먹고 마시는 회식이 아니라 새로운 체험을 하고 싶어 한다. 그리고 회식에 오랜 시간을 소비할 생각이 없다. 회식의 목적만 달성된다면 어떤 형태든 괜찮다. 눈치 보는 회식이 아니라 자유롭게 소통하는 회식을 원한다.

결정권은 그들에게))

리더에게 '어떻게 하면 MZ세대가 가장 좋아하는 회식을 할 수 있을까?'라는 질문을 했을 때 공통으로 나온 답변이 있었다. 회식 운영에 대한 결정권을 MZ세대에게 맡기라는 의견이었다. 어떤 리더는 굳이 참석하지 않고 법인카드만 주면 된다고 했다. 하지만 리더가 참석하지 않으면 소통할 수 없다. MZ세대는 리더가 일방적으로 말하기보다 공감하고 경청하기를 바란다. 공지사항이 있다면 회식이 시작될 때 짧게 전달해야 효과적이다. 회식 막바지에 공지사항을 전달하는 것은 분위기를 망가뜨리는 행동이다.

MZ세대가 즐거워하는 회식 자리는 기업문화나 팀의 분위기, 구성원의 요구를 파악해 그들이 직접 메뉴와 장소를 정하게 하는 것이 좋다. 또 과한 술자리, 2차 또는 3차까지 이어지는 자리, 구성원이 좋아하지 않는 메뉴들만 피한다면 모두가 즐거운 회식이 될 수 있다.

[MZ세대가 즐거워하는 회식 방법 Top 5]

1. 메뉴와 장소를 팀원들이 결정한다.

2. 맛집 투어를 하는 형태로 운영한다.

3. 점심시간을 활용해서 회식한다.

4. 공연이나 스포츠 관람 등의 색다른 회식이 필요하다.

5. 시간을 정해 놓고 한다(1차로 끝낸다).

출처 : Z세대 리더십 강의에서 300명을 대상으로 한 설문조사 결과

중간보고를 할 때의 말습관

중간보고를 잘하는 사람이 '일 잘하는 리더'이다. 중간보고는 팀장이 임원에게 할 수도 있고, 팀원이 팀장에게 할 수도 있다. 중간보고는 상사에게 내가 맡은 일이 어떻게 진행되고 있는지를 알리는 것으로, 이는 상사에게만 좋은 것이 아니라 보고하는 당사자에게도 도움이 된다. 자신의 업무를 객관적으로 인지하고 앞으로 어떻게 해야 할지를 판단할 수 있기 때문이다. 유능한 직원은 중간보고를 통해 리더와 소통하면서 본인이 담당하는 업무에 대한 문제점을 확인하고 해결해 나간다.

중간보고가 필요한 이유))

중간보고의 가장 좋은 점은 상사가 진행상황을 알 수 있다는 것이다. 팀장 직급이 중간보고를 하는 대상은 대부분 실장이나 본부장, 사업 부문의 임원이다.

임원은 회사의 경영상황과 주변 환경의 변화에 민감하다. 임원들은 변화에 대응하면서 성과를 내기 위해 자신이 지시하거나 요청한 사항이 어떻게 진행되고 있는지 궁금해한다. 임원이 원하는 방향으로 진행되고 있다면 더 응원하고 지지할 것이고, 다른 방향으로 가고 있다면 업무의 방향을 다시 설명해 주며 바로잡아 줄 것이다. 이것이 중간보고를 해야 하는 이유이다.

상사가 묻기 전에 보고하면 효과는 배가된다))

중간보고는 상사가 물어보기 전에 하는 것이 좋다. 여기서 상사는 임원이다. 어느 정도 직장생활을 해본 사람이면 상사가 언제 무엇을 궁금해하는지 직감적으로 알아차린다. 업무를 수행하면서 상황이 바뀌거나 특이점이 있다면 즉각 보고할 준비를 하자.

일반적으로 상사가 중간보고를 지시하면 자료를 더 많이 준비해야 한다. 하지만 내가 먼저 중간보고를 하는 경우에는 간단하고 빠르게 약식으로 가능하다. 그리고 상사가 물어보기 전에 보고하면 신뢰와 믿음이 올라간다. 임원들은 다양한 것들을 챙겨야 하다 보니 미리미리 보고하는 사람이 고마울 수밖에 없다.

리더들은 임원을 마주쳤을 때 먼저 물어보면 바로 보고할 수 있도록 관련 업무의 진행상황을 평소 머릿속에 담고 있어야 한다. 식사를 함께할 때, 단체회의를 할 때, 최고경영자에게 보고하러 가는 길에, 심지어 엘리베이터 앞에서 기다릴 때도 중간보고를 할 수 있다.

"본부장님, 몇 층 가십니까? 저도 같은 층입니다. 지난주 말씀하셨던 박람회 준비를 위한 새로운 파트너사 검토 건은 A업체로 가닥이 잡혀가고 있습니다."

"왜지?"

"조사해 보니 그룹 계열사하고 거래한 경험이 있고요. 무엇보다 포트폴리오가 가장 믿을 만하고 가격도 가장 경쟁력이 있었습니다. 계열사 관계자와 미팅을 해보니 거래 만족도도 가장 높은 것으로 나타났습니다. 본부장님께 빠르게 지침받고 다음 주부터 바로 후속 업무가 가능하도록 협의해 두었습니다.”

“그래?”

“네, 오늘 중으로 품의 올리고 진행할 수 있습니다.”

“그럼 이 팀장이 품의 진행하고, 내가 대표님께 보고드릴 수 있도록 요약해 주게.”

엘리베이터 안에서 잠깐의 보고로 팀장은 본부장에게 거의 결재를 받은 것과 다름없다. 팀장은 엘리베이터 안에서 중간보고를 끝냈고, 회의 때는 간략하게 의견 정도로 마무리했다. 이처럼 중간보고는 빠르고 간단하게 하는 것이 효율적이다.

중간보고를 하는 4가지 타이밍)))

리더가 임원이나 상사에게 중간보고를 할 때는 네 가지 타이밍을 잘 지키면 좋다.

첫째, 업무를 처음 받을 때이다. 상사는 이 정도만 설명하면 이해할 것이라고 생각하지만, 듣는 쪽은 자신의 가치관이나 경험을 바탕으로 해석하고 받아들인다. 이러한 과정에서 오류가 발생한다. 중요도나 긴급도, 완성도나 핵심에 대한 생각이 서로 다르기 때문이다.

따라서 처음 업무를 받을 때 반드시 자신이 이해한 것이 맞는지 질문을 통해 확인하는 것이 필요하다. 그것이 넓은 범위의 중간보고이다. 이때 일의 목적에 맞는 것인지, 어느 정도 범위까지 업무를 추진하면 좋을지를 질문하는 것이 좋다. 그리고 일을 시작하는 단계에서 중간보고를 자주 해야 한다. 시작 단계에서 일이 틀어지면 시간이 지날수록 걷잡을 수 없게 된다.

둘째, 업무의 과정에서 협조가 필요할 때이다. 개인이나 팀의 역량으로는 일을 추진하기 어려운 경우 관련 부서에 업무 협조를 요청해야 한다. 조직은 각각의 기능별로 부서가 나뉘어 있기 때문에 인력이나 자금 등을 추가해 역량을 강화해야 하는 경우 상사에게 중간보고를 통해 필요한 사항을 요청해야 한다.

셋째, 업무의 결과를 예측할 수 있을 때이다. 기대하던 결과물이 나올 것으로 예측된다면 이러한 상황에 대해서도 중간보고를 한다. 상사는 다시 윗선에 긍정적인 보고를 해서 좋은 평가를 받을 수 있다.

넷째, 상호 기대하던 결과물에 미치지 못할 것으로 예측될 때이다. 이때는 중간보고를 통해 리더가 빠르게 전략을 수정하고,

자원을 추가로 투입하거나 수정해야 한다. 중간보고를 하지 않은 상황에서 기대했던 결과물이 나오지 않았다면 중간보고 누락을 문제의 원인으로 생각할 수 있다.

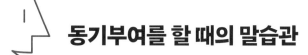

동기부여를 할 때의 말습관

조직은 저마다의 시스템으로 운영되며, 좋은 시스템은 조직 운영에 도움이 된다. 하지만 일은 결국 사람이 하는 것이다. 아무리 시스템과 제도가 훌륭해도 직원들의 동기부여가 없으면 업무 효율은 떨어질 수밖에 없다.

동기부여를 하는 리더의 말))

직원들이 동기부여가 되지 않으면 어떻게 될까? 다음 항목을 통해 직원들의 동기부여를 점검해 보자.

[동기부여가 안 된 직원을 알아차리는 방법]

No	동기부여가 안 된 직원의 특징
1	집중하지 못한다.
2	쉽게 피곤해한다.
3	자주 멍 때리는 모습을 보인다.
4	업무 실수(보고서 오타 등)가 늘어난다.
5	지각하는 횟수가 늘어난다.
6	정시에 퇴근하려고 한다.
7	혼자 있는 시간이 늘어난다.
8	프리라이더일 때가 많다(팀워크를 보여주지 못한다).
9	작은 일에도 불만이 많다.
10	'이직해야겠다'는 말을 반복한다.

　구성원이 동기부여가 되어 있지 않으면 팀의 목표를 달성하기 힘들다. 동기부여가 안 되어 있는 구성원은 주변 사람들에게도 적지 않은 영향을 준다. 한 사람으로 인해 팀 전체의 집중력이 떨어질 수도 있다. 따라서 리더는 팀원 전체가 동기부여를 할 수 있도록 이끌어야 한다.

　그렇다면 우리는 어떨 때 동기부여가 될까? 사람은 사람과의 관계에서 동기부여가 생긴다. 어떤 리더는 옆에서 지켜보는 것만으로도 동기부여가 된다. 열심히 일하는 리더를 보면 나도 열심히 해서 성과를 내야겠다는 생각이 든다.

반대로 어떤 리더는 의욕보다 불만이 먼저 쌓인다. 그런 리더가 업무 지시를 하면 겉으로는 '예'라고 하면서도 속으로는 '아니오'라고 한다. 보이는 곳에서는 열심히 하는 척하고, 뒤로는 대충대충 넘어가려고 한다.

인정하고 칭찬하는 말 vs 질책하고 무시하는 말))

리더가 구성원에게 동기부여를 하기 위해서는 평소에 긍정적이고 신뢰 있는 관계가 형성되어 있어야 한다. 리더와 구성원이 함께 일하는 과정에서 리더의 말이 곧 동기부여가 되기 때문이다. 구성원의 행동을 칭찬하고 인정해 주는 것이야말로 가장 큰 동기부여이다.

"오늘 회의에 누가 이렇게 다과를 준비했나요? 출출한 시간인데 센스 있네요?"
"우리 팀에 새로 발령받은 신입사원이 준비했습니다."

"잘했네요. 팀원들께 고마운 일입니다."

이 신입사원은 이후 외부 고객사가 본사를 방문하여 진행하는 오딧(audit, 제조사의 공장이나 공정을 검사하는 것)에서도 고객사가 입구에 도착하는 순간부터 회의실 세팅까지 꼼꼼히 준비했다. 고객사는 본인들이 충분히 환영받고 세심하게 준비한 것에 대해 높은 점수를 주었다. 리더의 인정과 칭찬이 신입사원에게 동기부여가 되어 좋은 결과를 만들었다.

질책하고 무시하는 말은 당장에는 구성원의 행동이 개선되는 것처럼 보이지만 다시 기존의 행동으로 복귀되는 경우가 많다. 부정적인 이야기를 듣지 않으려고 하는 척하지만 실제로는 리더를 점점 멀리하고 동기부여를 얻지도 못한다.

내재적 동기부여를 끌어내는 말))

동기부여에는 내재적 동기부여와 외재적 동기부여가 있다. 둘 다 중요하지만 리더는 성취감과 같은 내재적 동기부여에 중점을 둬야 한다. 외재적 보상보다 내재적 보상이 더 강력하고 지속적이기 때문이다.

외재적 동기부여는 조직의 시스템으로 결정된다. 구성원들은 보상이나 징벌 같은 외재적 동기부여에 더 익숙하다. 높은 급여가 처음에는 강력한 동기부여로 작용하지만 시간이 지날수록 만족도가 떨어진다. 징벌 또한 마찬가지다. 따라서 리더는 내재적 동기부여를 끌어내야 한다. 내재적 동기부여 방법은 다음과 같다.

첫째, 업무에 흥미를 가질 수 있도록 설명한다. 구성원들은 어떤 업무인지 몰라서 흥미를 갖지 못하는 경우가 많다. 따라서 새로운 업무를 제대로 수행하면 전문가로 성장할 수 있다는 점

[내재적 동기부여와 외재적 동기부여]

특징	내재적 동기부여	외재적 동기부여
원천	활동 자체에 대한 즐거움과 성취감, 그 자체로 하고 싶음	외부의 보상이나 처벌, 결과 지향적 태도에서 비롯
지속성	지속력이 강함	지속력이 약함
업무 품질 향상	높음	낮음
예시	새로운 것을 배우는 과정에 의미를 두고 도전하는 것	월급을 받기 위한 것, 출퇴근 시간을 지켜야 하는 것

과 일의 의미를 설명해 주는 과정이 필요하다.

둘째, 결과에 대한 피드백으로 성장했음을 확인시켜 준다. 특히 처음으로 업무를 수행해 보았거나 기대했던 결과가 나왔다면 목표 대비 성과를 피드백하면서 리더가 직접 칭찬하고 축하해 준다.

셋째, 인정과 칭찬으로 성취감을 준다. 목표를 달성했거나 개선한 업무의 내용을 주위에 알리면 더 큰 성취감을 느끼게 되고, 스스로 내재적인 동기부여가 된다.

성장 마인드를 갖도록 이끌어주는 말))

구성원에게 성장 마인드를 심어주는 것도 리더에게 필요한 역할이다. 성장 마인드를 가진 구성원은 한 가지 일을 하더라도 예전보다 더 좋은 결과를 내기 위해 새롭고 혁신적인 아이디어를 낸다.

스탠퍼드대학교 심리학과의 캐럴 드웩 교수는《마인드셋》에서 성장 마인드의 중요성을 강조했다. 교육, 비즈니스, 스포츠, 예술을 비롯한 인생의 모든 분야에서 성공은 자신의 재능과 능력에 대해 어떻게 생각하느냐에 달렸다고 한다. 고정 마인드셋을 가진 사람(능력은 변하지 않는다고 믿는 사람들)은 성장 마인드셋을 가진 사람들(능력은 얼마든지 발전시킬 수 있다고 믿는 사람들)에 비해 성공할 가능성이 확연히 낮다는 것이다. 그리고 성장 마인드를 가진 사람들이 고정 마인드를 가진 사람들을 변화시켜야 한다고 말했다.

구성원이 성장 마인드를 가지도록 하는 데 필요한 세 가지가 있다.

첫째, 구성원들에게 할 수 있다는 긍정적인 마음을 심어준다.

> "이번에 우리가 준비한 대로 충실하게 진행한다면 반드시 좋은 결과가 있을 겁니다. 힘들더라도 우리 팀은 반드시 할 수 있습니다."
> "내가 보기에 유 과장은 충분한 잠재력을 가지고 있어. 꼭 좋은 결과를 낼 수 있을 거야."

둘째, 실패하더라도 과정을 인정하고 칭찬한다. 업무 추진 과정에서 배운 것들은 구성원이 성장하는 데 도움이 된다.

> "모두 수고했습니다. 이번 경쟁 입찰에서 아쉽게 떨어졌지만

한 달 동안 우리 모두가 열심히 노력해서 만든 제안서는 최고였습니다. 다양한 평가기준 때문에 아쉽게 채택되지 못했지만, 우리가 제안한 전략과 발표는 지금까지 했던 어떤 경쟁 PT보다 우수했습니다. 이번에 회사는 물론 우리 모두 성장했음을 느낍니다."

셋째, 새로운 것을 배우고 자신의 능력을 개발하도록 지원하고 응원한다. 리더는 구성원이 1년에 얼마나 자기계발을 위해 노력하고 있는지 살펴야 한다. 회사에서 제공하는 온라인 교육을 의무적으로 듣는 것은 자기계발이 아니다. 구성원이 1년 후에는 얼마나 성장할 것인지 이야기를 나누고, 어떤 사내학습과 사외학습이 필요한지 조언해 준다.

서울대학교 산업공학과 이면우 교수는 "그 사람의 모습이 작년 이맘때의 헤어스타일과 옷 입는 것만 변하고 마음과 행동이 변하지 않았다면 그 사람은 영안실에 누워 있는 것과 다름없다"라고 말했다. 특히 MZ세대는 성장하고 싶은 마인드가 강하다. 리더는 이러한 구성원의 성장을 지원하며 이끌어주어야 한다.

직원을 육성할 때의 말습관

마이크로소프트의 빌 게이츠는 "21세기에 인정받는 리더는 훌륭한 리더를 만들어내는 리더"라고 말했다. 직원의 역량이 현재의 성과를 내는 것이라면, 직원의 육성은 미래의 성과를 위한 준비 작업이자 조직의 지속 가능성을 위한 중요한 투자이다.

유능한 목수는 버리는 나무가 없다
vs 에너지 버스에서 내리게 하라

어떤 직원은 마음에 들고, 어떤 직원은 마음에 들지 않을 때가 있다. 이럴 때마다 '유능한 목수는 버리는 나무가 없다'와 '조직의 에너지 버스에서 내리게 하라'는 두 가지 마음이 교차한다.

'유능한 목수는 버리는 나무가 없다'라는 말은 조직 안에서 구성원들을 어떻게든 조합하고 조율해야 한다는 의미다. 내성적이고 조용해서 혼자 기획을 잘하는 사람이 있다. 반대로 외향적이고 여러 사람과 함께 일하는 것을 좋아하며 고객 상담을 잘하고 클레임을 잘 해결하는 사람이 있다. 거칠지만 속도감 있게 업무를 추진하는 사람이 있고, 문제를 하나하나 꼼꼼하게 점검하면서 처리해 나가는 사람이 있다. 마음에 쏙 드는 구성원이 있는가 하면 마음에 들지 않는 구성원도 있지만, 모두 쓸모 있다는 생각으로 함께 일하려고 한다.

'에너지 버스에서 내리게 하라'는 말은 조직에 적응하지 못하거나 업무에 적합하지 않은 구성원은 함께 일하지 않겠다는 의미다. 버스에서 내려야 할 사람과 남아서 함께 갈 사람을 구분하는 것이다. 버스에 남은 사람에게는 차별화된 보상으로 업무에 더 집중하게 할 수 있다.

두 가지 중에서 한쪽만 선택하는 것은 옳지 않다. 리더는 마주하는 상황에 가장 적합한 대응을 해야 한다. 에너지 버스에서 내리게 하는 것은 상대적으로 쉬운 일이다. 하지만 자칫 구성원의 장점이나 잠재력을 찾아내지 못할 수 있다. 리더는 유능한 목수처럼 구성원을 용도에 맞게 배치해야 한다. 물론 구성원의 잠재력을 끌어내는 것은 쉽지 않다. 이를 위해 개별적으로 직원을 육성하는 방법에 대해 살펴보자.

개별적으로 육성해야 한다))

구성원들은 생각과 가치관, 행동이 각기 다르다. 유전적인 요인과 성장 과정에서의 환경적인 요인이 다르기 때문이다. 개인의 경험과 교육의 차이도 있다. 조직에서 근무하는 구성원들을 한번 떠올려보자. 같은 내용을 전달해도 생각하고 받아들이는 것이 제각기 다르다. 그래서 구성원마다 개별적으로 육성해야 한다.

사람이 서로 다르다는 점은 성격 하나만 보더라도 알 수 있다. 성격과 관련해서는 MBTI, DISC, 애니어그램, 버크만진단, Big5(성격 5요인) 등을 통해 특징을 구분할 수 있다. 이 중 Big5에 따르면 사람은 5가지 성격 특성이 상황에 따라 복합적으로 발현된다고 한다.

성격	성격 특징
외향성	주변 사람들을 좋아하고 집단화하는 경향
친화성	이타적인 성향으로 사람과의 관계를 중시하는 경향
성실성	계획적이고 규칙적이며 성취를 지향하는 경향
개방성	새로운 자극과 변화, 다양성을 존중하는 경향
신경성	부정적인 감정과 정서적 불안감이 높은 경향

성격 유형에 따른 직원 육성 방안))

구성원의 성격을 파악했으면 이를 네 가지 유형으로 나누어 직원을 육성하는 전략을 수립해야 한다. X축은 구성원이 가진 태도나 열정을, Y축은 구성원의 능력과 역량을 나타낸다. X축 과 Y축으로 구분한 매트릭스에서 우리는 어떤 전략을 가지고 직원들을 육성해야 하는가? 유능한 목수와 에너지 버스 사이의 균형을 유지하고 상황에 맞는 리더십을 발휘할 방법에 대해 알 아보자.

A사분면(주도적이고 성취가형)의 구성원에게는 새로운 업무나 역할과 함께 성과에 따른 보상과 칭찬을 해줘야 한다. 앞으로

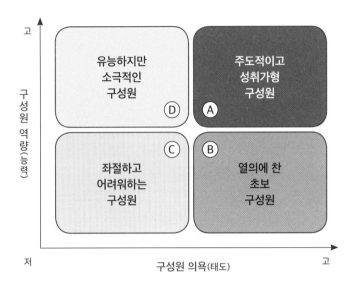

더 좋은 성과를 통해 조직에서 성공하기 위한 비전을 제시하는 것도 좋다. 리더는 구성원의 의견을 경청하고 업무에 반영할 수 있도록 지원하는 역할이 필요하다.

　B사분면(열의에 찬 초보)의 구성원에게는 교육 기회를 제공하고 자기계발을 위한 학습을 지원하는 것이 좋다. 교육을 통해 자신감이 쌓이고 업무 관련 네트워크를 만들 수 있다. 빠르게 학습할 수 있다면 업무 성과로 이어진다.

　C사분면(좌절하고 어려워하는)의 구성원에게는 업무 전환배치나 경고보다 기회를 먼저 제공하여 쉬운 업무부터 해나갈 수 있

도록 한다. 태도 변화를 위한 관리와 교육을 시행하는 것이다. 일정 기간 동안 기회를 제공하면서 리더가 위기를 공감하고 있다는 것을 알려주어야 한다. '이런 식이면 조직에서 아무런 쓸모가 없다'라는 식의 징계성 말이 아니라 '함께 노력해 보자. 해 보고 안 되면 그것이 본인의 발전에 어떤 의미가 있는지 스스로 고민해 보자'라는 말로도 위기감을 충분히 전달할 수 있다.

D사분면(유능하지만 소극적)의 구성원에게는 면담을 통해 카운슬링하고 권한을 위임하면서 책임을 부여한다. 인간적인 친밀감으로 마음이 자극되어 업무에 몰입할 수도 있다. 마음을 어떻게 가지느냐에 따라 빠른 성과를 보일 수 있는 구성원이다. 조직에는 의외로 D사분면의 구성원들이 많다. 리더의 역할과 좋은 말습관이 필요한 이유이다.

다음의 화법은 최소한의 연습을 위해 예시로 들어둔 것이다. 입으로 소리 내어 말해 보자. 구성원을 개별적으로 육성하겠다는 생각으로 그들을 바라보고 구성원의 성격 유형에 따라 현명하게 말하면 훌륭하게 이끌어주는 리더가 될 수 있다.

[구성원의 유형에 따른 리더의 직원 육성 화법]

고

구성원 역량(능력)

"할 수 있습니다."
"역량이 충분하군요."
"기대됩니다."
"책임지고 해보길 바랍니다."
"잘해 내면 개인에게도 좋은
기회가 반드시 있을 것입니다."

Ⓓ

"잘하고 있습니다."
"좋은 생각입니다."
"계속해서 의견을 주세요."
"새로운 업무도 잘해 낼 것으로
봅니다."
"지속적인 성과로 인정받도록
합시다."

Ⓐ

Ⓒ

"어떤 문제가 있습니까?"
"어떤 도움이 필요하겠습니까?"
"이만큼만 진행해 보도록
합시다."
"도전해 본다면 달라질 것
같습니다."
"결과를 지켜본 후 자신에게 어떤
의미가 있는지 고민해 봅시다."

Ⓑ

"가능성이 있습니다."
"잠재력이 충분하군요."
"교육을 받으면 좋을 듯합니다."
"학습하면 업무에 도움이
되겠습니다."
"업무와 관련된 교육과정을
찾아봅시다."

저   구성원 의욕(태도)   고

성과면담을 할 때의 말습관

성과면담을 잘하면 구성원과 관계가 더 돈독해지고 리더십이 강화된다. 성과면담은 조직에서 꼭 필요하지만 리더에게는 부담되는 일이다. 어떤 리더는 성과면담을 하고 나면 구성원들과 한동안 서먹서먹하기도 하고, 자신에 대해 부정적인 평가가 따를 것 같다고 걱정한다. 그래서 조직에서도 리더의 성과면담에 대한 스트레스를 인지하고 관련 강의나 코칭을 제공하기도 한다.

성과면담을 잘하는 방법은 무엇일까? 성과면담에 효과적인 말습관은 어떤 것이 있을까?

면담 전 스스로를 평가하게 하라)))

성과면담을 하기 전에 구성원이 스스로를 평가해 보게 한다. 그동안 추진해 온 업무성과를 정량적·정성적으로 평가해 보는 것이다. 자기평가를 먼저 해보면 어떤 부분이 부족했는지, 어떤 부분을 잘했는지 스스로 알게 된다.

자기평가를 제도적으로 운영하는 기업은 성과면담을 하기 전에 사전평가를 할 시간을 충분히 마련해 준다. 구성원이 먼저 자기평가를 한 다음 희망하는 장소와 시간을 시스템에 등록하면 리더의 이메일로 전달된다. 그리고 리더와 성과면담을 할 때는 사무실, 회의실, 카페 등 어디서 했는지, 몇 시부터 몇 시까지 했는지 기록하도록 한다.

성과면담을 형식적으로 하는 리더도 있다. 리더가 시간이 될 때 구성원들을 차례대로 회의실에서 만나 몇 마디 나누는 것으로 끝낸다. 심지어 "내가 알아서 할게"라고 말하는 리더도 있다. 이 경우 당장은 조직이 잘 돌아가는 것처럼 보여도 나중에 "우리 팀장은 자기 마음대로야. 나는 이번에 성과평가를 제대로 못 받았어. 사전평가를 잘했어야 했는데 후회돼"라는 볼멘소리가 나온다.

껄끄러운 이견을 예방할 수 있다))

구성원이 스스로 사전평가를 해야 하는 또 다른 이유는 면담 과정에서 견해차를 좁히기 위해서이다. 견해차가 크면 성과면 담을 한 이후에도 서로 불편한 감정이 남는다. 리더가 생각했을 때는 썩 좋은 성과가 아닌데, 구성원은 자신이 좋은 성과를 냈다고 생각하는 경우에 사전평가 없이 리더와 면담하면 의견이 좁혀지기 어렵다.

"김 대리는 KPI 지표에서 중간 정도의 성과인 것 같은데."

"팀장님, 저는 중간 이상의 높은 점수를 주셔야 한다고 생각 합니다. KPI 지표 수립 당시에 높은 목표를 받았고, 이후 상 황이 좋지 않았는데도 그만큼 한 것은 잘했다고 생각합니다."

"김 대리, 이 정도는 당연히 해야 하는 보통의 성과라고 생각 하는데? 직장인이라면 상황이 어떻든 목표 이상의 성과를 내 야 하는 것 아닌가?"

이렇게 되면 서로 감정만 상한다. 이 경우 구성원이 제대로 사전평가를 했다면 리더가 자료를 보면서 성과면담을 잘할 수 있었을 것이다.

"이렇게 생각한 이유가 있습니까? 사전평가에서 이렇게 점수
를 준 특별한 이유는 무엇인가요?"

리더는 사전평가 자료를 통해 상대가 왜 이러한 평가를 했는
지 충분히 들어볼 수 있다. 구성원은 높은 평가를 얻지 못하더
라도 리더에게 자기 의견을 이야기할 수 있고, 다음번에는 좋은
평가를 받을 수 있겠다는 희망도 가지게 된다. 서로 이견을 줄
일 수 있는 자연스러운 분위기가 만들어진다.

사실을 가지고 면담하라))

구성원이 사전평가를 했다면 리더는 '사실(fact)'을 확인하고
적절한 시간을 정해 면담을 준비한다. 성과면담은 팩트 중심으
로 진행되어야 서로 오해가 없다. 이때 목표에 맞춰 정량적 평
가가 이루어지는 것이 좋다.

• 목표 : 연간 매출 목표 300억 원

- 실적 : 연간 매출 목표 달성 330억 원(달성률 110%)
- 목표 : 신제품 개발 수 5개
- 실적 : 신제품 개발 수 4개(달성률 80%)
- 목표 : 경영혁신위원회 회의 운영 12회 차
- 실적 : 경영혁신위원회 회의 운영 12회 차(달성률 100%)

정량평가를 할 수 없는 사항은 1~5점까지 나눠 단계별로 평가를 한다. 이처럼 정성적인 부분도 정량화하는 이유는 리더의 평가와 차이를 줄이기 위해서이다.

- 목표 : 부서별 인보이스(전표) 발행 모니터링
- 실적 : 4점(예산 전용 건수 감소, 부서별 전표 마감기한 준수 양호)
- 목표 : 고객사 품질검사 대비 공장 주변 환경 미화
- 실적 : 3점(고객사 품질검사 시 공장 환경에 관한 특이사항 없음)

과정을 충분히 리뷰하라)))

성과면담을 성공적으로 운영하기 위해서는 과정을 중심으로 점검해야 한다. 과정을 논의하는 이유는 놓치거나 아쉬웠던 부

분을 찾아 개선하기 위해서이다. 전반적으로 성과를 내기에 좋은 여건이었는지, 어떤 것을 개선해야 할지, 어떤 부분을 강화해야 할지 등을 살펴볼 수 있다.

성숙한 조직일수록 과정을 점검하는 데 충분한 시간을 할애한다. 과정을 제대로 점검해야 다음번에 더 좋은 성과를 내고, 새로운 것을 배울 수 있기 때문이다.

[과정을 논의하면서 찾을 수 있는 사항들]

1. 결과를 내기까지 전반적으로 좋은 과정이었나?
2. 자원 투자를 더 했어야 하는 부분은 무엇이었나?
3. 좀 더 빨리 처리했다면 좋았을 사항은 무엇인가?
4. 리더나 주변에 도움을 요청해야 할 것은 무엇이었나?
5. 담당자로서 개선해야 하는 점은 무엇인가?

미래의 가능성을 함께 탐색하라))

마지막으로 리더는 성과면담을 통해 미래의 가능성을 발견하고 구성원에게 제시해야 한다. 성과면담은 결과를 평가하는 것이지만, 앞으로의 가능성을 탐색하는 데도 중요하다.

"신제품을 더 취급할 수 있다면 영업이익이 좋아질 수 있다는 것을 데이터로 확인할 수 있군요."

"영업에서 필요로 하는 제품 외에 영업 관련 판촉물을 기획해서 매출을 높일 수 있겠군요."

"다른 회사와 협업을 통해 새로운 가능성을 시도해 볼 수 있겠군요."

"반복적으로 점검하고 체크해야 할 사항은 AI를 도입해서 빠르게 개선할 수 있겠군요."

리더가 미래 가능성을 찾는 것은 리더십을 강화하는 데 도움이 된다. 아울러 구성원과 함께 미래 가능성을 논의한다면 가장 효과적인 성과면담이 될 수 있다.

직급체계에서의 말습관

우리나라의 직급체계는 전통적으로 사원, 주임, 대리, 과장, 차장, 부장, 이사, 전무, 부사장, 사장 직급으로 나뉜다. 매니저, 선임, 책임, 수석, 임원의 직급으로 조금 간소화된 회사도 있다. 외국계 기업처럼 팀원, 팀장, 사업 담당 임원으로 더 간단한 직급체계를 운영하는 곳도 있다.

이처럼 단계가 많고 적음의 차이가 있을 뿐 어느 조직에나 상사, 동료, 후배직원이 있고, 어떤 조직이든 직급에 따른 위계질서(hierarchy)가 있다. 조직의 위계 속에서 상사, 동료, 후배직원들에 대한 말습관을 알아보자.

상사에 대한 말습관))⁾

상사에게 인정받고 항상 함께 일하고 싶어 하는 사람들이 있다. 상사는 이들을 '내 사람'으로 만들고 싶어 한다. 임원이 새로운 팀장을 선발하거나 새롭게 조직을 구성할 때마다 리스트에 올리는 사람들이다. 상사들이 함께 일하고 싶어 하는 사람들은 어떤 말습관을 지니고 있는지 알아보자.

첫째, 적시에 적절한 보고를 잘한다. 꼭 필요한 타이밍에 임원들이 알지 못했던 정보를 전달해 준다. 임원들은 현장에서 일어나는 일을 자세히 알기 어렵다. 그래서 일부러 직원들과 간담회도 열고, 현장에 나가서 고객을 만나보기도 한다. 하지만 이러한 활동만으로는 회사와 현장의 온도 차이를 극복할 수 없다. 그런데 일 잘하는 팀장은 적절한 타이밍에 필요한 정보와 새로운 정보를 보고한다. 임원은 이러한 정보를 가지고 최고경영자와 대화하면서 그들에게 큰 힘이 되어준다.

"상무님, 우리가 이번에 10% 이상 물량이 빠진 것은 팬데믹 때문에 시장이 위축되었기 때문입니다. OEM 업체에 가보니 경쟁사들도 생산물량을 평년보다 대폭 낮춘 것으로 확인되었습니다. 이 데이터는 OEM 업체 측 관계자와 대화에서 나온 정보를 정리한 것입니다. 경쟁사는 전년 대비 물량을 30% 줄였습니다. 지금까지 저희는 잘 선방하고 있습니다. 앞으로 흐름을 계속 조사해 보고드리겠습니다."

상무님은 이런 정보를 가지고 사장님께 보고한다. 사장님은 10% 감소한 실적에 대해 기분이 좋지 않았다가 경쟁사 관련 보고를 받고 오히려 칭찬한다.

"사장님, 우리 회사 물량이 10% 가까이 감소한 것에 대해 면밀하게 시장 상황을 주시하고 있습니다. 경쟁사는 현재 30% 감소한 것으로 파악됩니다. 우리 회사의 물량이 덜 감소한 것은 우리 브랜드와 제품에 대한 신뢰가 있기 때문입니다. 중간 대리점에 이러한 소식을 안내하고 이번 기회에 우리 제품으로 확실히 바꿀 수 있도록 전략을 세워보고자 합니다."

둘째, 임원의 생각과 말을 최대한 존중하고 일단 실행해 보겠다고 한다. 직원들 앞에서 안 된다고 하지 않는다. 그리고 정말 안 되는 일이라면 빨리 보고한다.

"네, 알겠습니다. 고객사들을 직접 만나 회사 정책이 바뀌었다고 설명하도록 하겠습니다. 고객사들의 클레임이 예상되지만, 우선 상무님 말씀처럼 회사의 변화가 거래처와의 상생을 위해서도 필요한 것임을 설득해 보겠습니다."

셋째, 한 직급 높게 생각하고 말하고, 한 직급 낮게 행동하려고 한다. 즉, 임원의 마음을 이해하면서 팀원들의 눈높이에 맞춰 실행하는 것이다. 임원의 관점에서 이야기하면 대화가 훨씬 수월하게 흘러간다. 임원은 실적이라는 압박 때문에 외로울 때가 많다. 팀장이 간간이 가벼운 농담을 던지기도 하면서 부드럽게 대화하면 임원의 마음이 잠깐이라도 편안해진다. 상사들이 좋아하는 팀장이나 리더들은 조직의 공동 목표를 지향하고, 상사의 입장에서 말해 주는 사람들이다.

"상무님, 너무 걱정하지 마십시오. 저희가 똘똘 뭉치면 전년 대비 두 자릿수 성장도 못 할 것 없습니다. 상무님이 일부러 우리 사업부 목표를 더 많이 받아오신 것도 아니고, 전체적으로 이번에 사업본부별로 목표성장률이 높더라고요. 우리 본부의 목표가 높은 건 사장님이 상무님을 특히 신뢰하셔서 그러신 겁니다. 올해 저희 모두가 만족할 만한 성과를 낼 수 있도록 열심히 노력하겠습니다."

후배직원에 대한 말습관))))

후배 입장에서도 선배에게 듣고 싶은 말이 있다. 후배에 대한 말습관도 몇 가지만 유념하면 '꼰대'라는 부정적인 꼬리표가 붙지 않는다.

첫째, 선배로서 아낌없이 나눠 준다. 직장에 오래 근무하다 보면 스스로 배우려고 하지 않아도 저절로 학습되는 것들이 무수히 많다. 내가 알고 있는 경험과 정보, 네트워크에서 얻은 자원들을 후배에게 아낌없이 나눠 주는 것이 필요하다. 돈으로 주라는 것이 아니다. 말로 도움을 주라는 것이다.

조직생활에서 자신의 것을 공유한다는 것은 리더의 품격을 높이는 방법이다. 좋은 말습관은 어렵지 않다. 본인이 가진 것을 후배들에게 내어놓는다는 마음을 가지면 자연히 좋은 말이 나오기 마련이다.

A선배는 무엇을 질문하면 항상 이런 식으로 대답한다.
"나는 잘 모르겠는데?"

"그건 옆 팀 팀장에게 물어봐."

"스스로 해봐. 그러면서 배우는 거야."

이처럼 A선배는 자기가 알고 있는 것을 가르쳐주는 법이 없
다. 반면 B선배는 자신이 가진 것을 충분히 공유한다.

"지금 내가 조금 바쁜데, 10분 뒤에 이야기하면 어떨까?"

"이렇게 하면 되는 거야. 해보고 안 되면 다시 물어봐."

"처음부터 잘하는 사람이 어디 있나? 알려준 대로 해보면 금
방 자기 것으로 습득하게 될 거야."

"그래, 잘하네. 나중에 후배들에게도 알려줘."

둘째, 정확하게 피드백을 하자. 선배들이 가장 많이 하는 실
수이지만, 잘하면 후배들에게 좋은 인상을 준다.

정확한 피드백이란 후배직원의 행동에 대해 개인적인 추측
을 제외하고 객관적인 사실에 대해서만 이야기하는 것이다. 과
거에 대한 원망과 질책보다 미래에 대한 기대와 가능성에 초점
을 맞춰 피드백한다면 후배들에게 도움이 되고 좋은 말을 해주
는 선배로 인정받을 수 있다.

"너는 꼭 실전 PT에서는 실수하더라. PT 후반부에 가니 고객

사가 다들 지루해하는 표정이던데, 도대체 연습은 충분히 한 거야? 시간이 부족하다고 급하게 설명하면 어떡해?"

이와 같은 추측성 피드백보다는 객관적인 사실을 가지고 앞으로를 기대하는 피드백이 필요하다.

"오늘 경쟁 PT에서 제한시간보다 1분이 넘었더라구. 내용도 중요하지만 시간을 정확히 지키는 자세도 전문가로 인정받는 방법이야. 앞으로 더 좋은 모습 기대할게."

셋째, 공감하고 응원해 주자. 공감은 무조건 동의하는 것이 아니라 상대방을 존중하는 것이다. 상대방이 나와 다르다는 점을 이해하고 역지사지의 마음으로 상대방의 감정을 이해하는 것이다.

한번은 지방 출장을 가는 길에 임원으로부터 연락을 받았다.

"내가 이 팀장네 팀으로 직원을 하나 발령 낼 거야. 이쪽 팀에서 적응을 잘 못 하네. 이 팀장이 기회를 한 번 주고, 잘 이끌어봐."

임원의 말은 기회를 주되 여의치 않으면 알아서 하라는 뜻이었다. 출장 후 후배직원과 일대일 미팅을 했다. 이야기를 들어보니 공감은 가되 동의는 되지 않았다. 개인적인 문제로 직장생활에 집중하지 못하고 있었다.

"그래, 집안 상황이 힘들다는 것은 충분히 이해하겠어. 그런데 회사에서 본인의 역할이나 주변의 평가도 생각해야 하지 않을까?"

그는 한참 동안 이야기를 이어갔다. 나는 말을 끊지 않고 충분히 들어주었다. 후배직원은 마지막에 이런 말을 했다.

"그렇잖아도 지금 퇴사할까, 아니면 어떻게든 회사에서 인정받을까, 고민 중입니다."

이야기 끝에 그는 퇴사는 언제든 할 수 있는 것이고, 일단은 새로운 업무에서 팀장이 지시하는 것들을 하나씩 해보겠다고 했다. 나는 후배직원의 의견을 존중했다.

1년 후 그는 본부에서 가장 일 잘하는 고성과자로 선발되었다. 그는 내가 자신의 이야기를 잘 들어주었기에 새롭게 해봐야겠다는 생각을 하게 되었고, 지금은 팀장이 되어 큰 문제없이 조직을 이끌어가고 있다.

동료에 대한 말습관))))

리더에게도 오랜 시간 함께 일해 온 동료들이 있다. 어떻게 보면 함께 싸워온 전우와 같은 동료들이다. 이들과 치열하게 경쟁하기도 하지만 서로 협조해야 할 일도 많다. 따라서 동료와 좋은 관계를 맺고 인정받으려면 말습관에 주의해야 한다.

첫째, 공격적인 말로 감정을 드러내서는 안 된다. 팀장들은 이해관계가 얽힌 일에 대해 좁혀지지 않는 의견 차이로 서로를 공격하는 경우가 있다. 하지만 승진이나 좋은 자리에 갈 수 있는 결정적인 순간에 이러한 공격적인 언사가 발목을 붙잡을 수 있다.

둘째, 서로 협력자라는 점을 인식한다. 지금은 다른 팀을 맡아 서로 더 높은 성과를 내기 위해 경쟁하지만, 조직의 재배치나 임원들이 바뀌면 협력자가 되기도 한다. 내가 경쟁자로 생각하면 상대방도 나를 경쟁자로 인식한다. 장기적인 관점에서는 협력자로 여기고 서로 도움을 주고받는 관계를 만들어야 한다.

2장

가정에서 말습관

부모로서의 말습관

조직에서 열심히 일하고 인정받는 리더들도 퇴근 후 집으로 돌아오면 한 가정의 구성원이자 사랑하는 아이들의 부모이다. 가정에서는 조직에서의 리더가 아닌 부모, 배우자, 자식의 역할에 맞는 말습관을 갖춰야 행복한 가정을 유지할 수 있다. 특히 이 책의 주된 독자층인 40대를 기준으로 가정에서 필요한 말습관을 정리해 보았다.

기대는 줄이고 기다려주기))

   40대의 부모에게는 유치원생부터 중고등학생까지 다양한 연령대의 자녀가 있을 것이다. 개성이 강한 알파세대 자녀와 어떻게 하면 원만하게 소통할 수 있을까?

   가장 우선해야 할 것은 '기대는 줄이고 기다려주는' 마인드이다. 예전처럼 공부 잘해서 성공하는 시대는 지났다. 물론 공부를 하지 않아도 된다는 것이 아니다. 기대를 많이 할수록 실망하고, 실망하면 상처 주는 말이 나온다. 기대를 해서 관계가 틀어지고 어색할 바에는 차라리 기대하지 않고 사이좋은 편이 낫다. 기대를 하지 않았을 때 훨씬 좋은 결과를 얻는 경우를 주변에서 어렵지 않게 볼 수 있다.

> "너는 이번에 또 시험을 망친 거야? 이래서 대학이나 갈 수 있겠어? 넌 누굴 닮아서 이렇게 공부를 안 하는 거야?"

   이러한 부모의 말에는 기대가 들어 있다. 기대를 하니 결과를 가지고 이야기하게 된다. 나 또한 자녀가 어릴 때 기대하고 강요하던 경험이 있다. 큰아이가 중학교 3학년 때 식탁 앞에서

두 눈을 동그랗게 뜨고 했던 말이 지금도 생생하다.

"아빠! 아빠는 왜 아빠가 생각하는 대로 다 이야기해요? 상대
방이 듣고 기분이 나쁠 수도 있는데 아빠는 왜 우리한테 다 이
야기해요? 나도 엄마랑 동생한테 기분 나쁜 거 있어도 참거든
요. 아빠는 왜 자꾸 아빠 생각을 강요해요? 어느 대학교 앞에
가보자, 어느 사이트에 대학 전형이 잘되어 있다더라. 이런 이
야기 안 하셔도 필요하면 제가 다 알아서 하는데, 아빠는 아빠
의 생각대로 우리가 움직여주길 바라시나요."

항상 어린 줄만 알았던 아이가 또박또박 자기 생각을 이야기
했을 때 몹시 당황스럽고 창피했다. 이후로 나는 자녀들에게 어
떤 기대도 하지 않기로 했다. 강요한다고 받아들이는 게 아니
란 것을 깨달았기 때문이다. 아이들이 이야기를 하면 그저 듣
고 끄덕여줬다. 식탁에서 BTS의 노래를 틀고 밥도 안 먹고 노
래를 해도 그냥 내버려두었다. 전처럼 강요하거나 잔소리하지
않고 지켜보기로 했다. 다만 아이들과 같이 있을 때면 자주 안
아주었다.

자주 안아주는 습관을 들이니 고등학생이 되었을 때도 스킨

십이 어색하지 않았다. 아이들과의 관계도 좋아졌다. 강요하지 않자 아이들이 스스로 자기 일을 찾아서 했다. 기대하는 것이 아니라 기다려주는 것이 얼마나 효과가 있는지 체감했다.

사실을 말하기))

자녀에게도 추측이 아니라 사실에 기반해서 말해야 한다.

"너, 게임하려고 컴퓨터 켠 거지?"
"너, 지금 밖에 나가 놀 생각만 하는 거지?"
"그렇게 노느라고 정신없더니 성적이 안 나올 줄 알았어."

사실이 아닌 추측으로 이야기하면 아이는 절대 동의하지 않는다. 부모가 자신의 행동을 부정적으로만 생각하니 엇나갈 수밖에 없다.

"저 지금 과제하려고 컴퓨터 켜는 거예요. 아빠, 엄마는 아무 것도 모르면서!"
"제가 무슨 생각하는지 엄마, 아빠가 어떻게 아세요?"

"저 이번 시험에 나름 열심히 했고, 다른 친구들도 문제가 어렵다고 했단 말이에요."

사랑을 표현하자))))

아침에 아이들이 유치원이나 학교에 갈 때 사랑한다고 말해주자. 말로 하기 어렵다면 문자 메시지로 사랑한다고 표현하자. 처음에는 어색할지 몰라도 계속 하다 보면 익숙해진다. 부모에게 사랑한다는 말을 매일 듣는 아이와 부모의 기대 섞인 말을 듣는 아이는 다르다.

미국에서 갓 태어난 신생아를 대상으로 실험을 진행했다. 신생아를 두 그룹으로 나누어 첫 번째 그룹은 10분 동안 엄마가 아기를 가슴에 안고 '사랑한다'는 말을 하면서 토닥여주었고, 두 번째 그룹은 아무런 접촉도 하지 않았다. 실험 결과, 첫 번째 그룹의 신생아들은 두 번째 그룹의 신생아들보다 심박수가 낮고, 뇌파가 안정적으로 나타났으며 성장도 훨씬 빨랐다고 한다.

서울시 교육청에서 조사한 바에 따르면 초중고 학생들이 부모에게 가장 듣고 싶은 말이 '네가 자랑스럽다' '네가 사랑스럽다'였다고 한다. 이제부터라도 매일매일 자녀에게 사랑한다고 말해 주자.

필요한 말만 하자 ›))

자녀들은 말하지 않아도 안다. 우리도 어릴 적 부모님이 말하지 않아도 무엇을 원하는지 알고 있었다. 그런데도 자꾸 말하면 잔소리로 느껴진다. 하루 동안 자녀에게 무슨 말을 하는지 되돌아보자. 정말 필요한 말이었는가?

영화배우 한석규 씨는 말수가 적은 배우로 알려져 있다. 그는 말을 못 해서 안 하는 것이 아니었다. 그는 말을 적게 하는 이유에 대해 이렇게 말했다.

> "제가 했던 말들을 돌이켜보면 참 덧없구나 싶더라구요. 굳이 이야기할 필요가 있었을까 하는 생각이 들어서 언제부터인가 인터뷰를 하지 않게 되었고 말을 아끼는 사람이 되었습니다."

자녀에게 말을 하지 말라는 것이 아니다. 필요한 말만 하자는 것이다.

따뜻하게 말하자)))

 같은 내용이라도 따뜻하게 말하는 부모가 있고, 차갑게 말하는 부모가 있다. '아 다르고 어 다르다'는 말이 있다. 이왕이면 자녀가 상처받지 않게 말해야 한다. 아이들도 부모의 의도를 잘 알고 있다.

 "겉옷 하나 입고 나가. 감기 걸려서 엄마 힘들게 하지 말고!"
 "넌 맨날 왜 신발을 꺾어 신고 다니냐? 보기 싫잖아!"

 같은 말이라도 따뜻하게 말해 보자.

 "날씨가 추워진다는데 감기 들라. 가벼운 거 하나 챙겨 가."
 "신발이 작아서 그래? 걸리버 신발이라도 있어야 할까?"

 자녀에게 말하는 습관은 '사랑스럽게' '필요한 말만' '따뜻하게 말하자'로 정리할 수 있다. 앞글자만 따서 '사필따'로 기억하자. 그런데 혹시라도 '사납게, 필요 이상으로, 따갑게' 하지 않았는지 생각해 보자.

부부로서의 말습관

40대 초·중반이 되면 결혼생활을 한 지 10년 내외이거나 일찍 결혼한 경우에는 20년 가까이 된다. 10년이면 강산이 변한다고 하는데 강산이 한 번 내지 두 번 바뀌는 세월을 함께 살아오면서 부부는 서로가 알아도 너무 잘 아는 사이가 된다.

우리 주변을 보면 좋은 말습관으로 사이가 돈독한 부부가 있고, 상대를 배려하지 않는 말습관 때문에 관계가 극단적인 상황으로 치닫는 부부도 있다.

서로의 입장을 이해하려는 대화)))

부부가 10년 이상 같이 살다 보면 서로에 대해 너무 잘 안다. 눈을 감고도 어떤 상황인지 그림이 훤히 그려진다. 아내가 어떤 음식을 준비하는지, 남편이 아이들과 어떻게 놀아주는지 보지 않아도 알 수 있다. 그래서 상대방이 나의 입장을 잘 알아줄 것이라고 생각한다.

하지만 현실은 그렇지 않은 경우가 많다. 남편은 직장에서 스트레스를 받으며 힘들게 일하고 나면 주말에는 푹 쉬고 싶다. 주말에 집안일을 미루고 평일에 누적되었던 피로를 풀고 싶지만 아내의 생각은 다르다.

자녀교육에 대해서도 입장 차이가 있다. 한쪽은 어떻게든 주변 아이들과 비교해 조금이라도 부족함 없이 공부를 지원해 주고 싶다. 또 다른 쪽은 "우리가 공부해 봐서 알잖아? 억지로 안 되잖아! 애가 하고 싶어 할 때 시키자. 교육비로 이렇게 많이 소비하는 것은 너무 과한 거 아니야?"라고 말한다. 이외에도 양쪽 집안 부모님이나 식구들에 대한 의견, 미래의 노후 준비에 대한 생각도 다르다.

그래서 서로의 입장을 이해하려는 대화가 필요하다. 아내의 입장, 남편의 입장이 되어 생각해 보면 조금씩 이해할 수 있다.

아내가 아이들 방학에 맞춰 친구들과 열흘 넘게 유럽 여행을 갔을 때 아이들 밥을 먹이는 일이 간단치 않다는 것을 알게 되었다. 상을 차려놓아도 아이들은 알아서 먹지 않았다. 아내가 왜 밥상 앞에서 아이들과 실랑이를 벌이는지 이해되었다.

어느 텔레비전 프로그램에서 남편의 직장인 탄광에 아내와 아이들이 탐방하는 장면이 나왔다. 아내와 아이들이 탄광에 직접 들어가는 체험을 하는데, 숨이 막히고 앞이 잘 보이지 않는다. 땅 밑에서 석탄을 캐는 일이 이렇게 어렵고 힘든 일이라는 걸 알게 되었다. 가족들은 밖으로 나와 검은 석탄가루가 잔뜩 묻은 남편의 얼굴과 옷을 보면서 안타까워했다. 아내는 자기 옷에 탄가루가 묻는 걸 알면서도 남편을 안아주었다. 조금만 서로의 입장을 이해하면 좋은 말이 나오게 마련이다.

잠깐만 참으면 되는 대화))

살다 보면 별것 아닌 일로 시작해서 큰 다툼으로 번지는 경우가 있다. 잠깐만 참으면 지나갈 일을 한순간 욱하는 심정으로 언성이 높아진다.

한번은 친구가 나에게 상담을 청했다. 아내하고 자꾸 다투는 이유가 뭔지 도저히 모르겠다고 한다. 이상하게 별일 아닌 일로 싸움이 난다는 것이다. 나는 이렇게 말해 주었다.

"별일 아닌 것 가지고 싸우는 게 당연한 거야. 정작 별일이면 싸우지도 않아. 확실하게 잘잘못을 가릴 수 있는 일이라면 한쪽이 미안하다고 하겠지."

잠깐만 참으면 된다. 한두 시간, 길어야 한나절 지나면 별일도 아닌데 왜 큰 소리를 냈을까 후회될 것이다.

이혼해야겠다며 괴로워하는 친구에게 이렇게 이야기했다.

"며칠이나 한두 달쯤 시간을 가져보면 어때? 시간을 두고 차분히 생각해 봐. 이혼이 능사는 아니잖아?"

몇 개월 지나서 그 친구는 이렇게 말했다.

"네 말을 듣길 잘한 것 같아. 당시에는 주변 사람들이 모두 이혼하라고 했는데, 너만 좀 참으면서 생각해 보라고 했어. 시간이 지나니 그때의 감정이 누그러지고 지금은 조금 나아졌어."

"그래, 잠깐만 참아도 상황이 조금 좋아지잖아. 잘했다 잘했어. 그리고 우리 나이대는 혼자만 생각해서는 안 되잖아. 애들을 위해서도 감정적으로 행동하는 것은 좋지 않아."

무조건 이혼해서는 안 된다는 말이 아니다. 잠깐만 참으면 해결되는 일인데, 자칫 감정에 휩쓸려 돌이킬 수 없는 상황을 만들지 말자는 뜻이다.

고마운 사람이라는 대화))

부부 사이에 '고마워'라는 말은 서로를 존중한다는 표현이다. 참 담백하면서도 진심이 느껴지는 말이다. '고맙다'는 사전적으로 '공경할 만하다'라는 의미다.

부부는 어떤 감정을 가지고 말하는 것이 좋을까? 남편이 아내에게 가져야 할 대표적인 감정 단어는 어떤 것이 있을까? 부부 사이는 '고마움'으로 나타낼 수 있을 것이다. 미우나 고우나, 좋으나 싫으나 10년이 훌쩍 넘도록 옆에 있어준 상대가 부부이다. 그동안 부부에게는 얼마나 많은 일이 있었는가? 좋은 일과 힘든 일이 얼마나 많았겠는가? 아이를 키우며 마음 졸였던 일들은 또 얼마나 많았는가? 열이 나고 기침을 해서 잠 못 이룰 때면 엄마는 아이를 안고 차라리 본인이 아팠으면 하는 심정으로 정성스럽게 돌본다. 그 모습을 지켜보면 안쓰럽고 미안하다.

부부는 대화를 하다 보면 주위의 다른 부부와 비교하지 않을 수 없다. 친구 남편은 직장도 좋고 능력도 좋아서 원하는 것을 척척 해준다. 하지만 남편도 해주고 싶지만 현실이 녹록지 않다. 시댁도 비교가 된다. 다른 집안과 비교하면서 서로에게 상처를 줄 때가 있다.

사촌 형님 중에서 특히 금실이 좋은 부부가 있다. 형님은 평소에 형수님께 고맙다는 표현을 자주 한다. 한번은 형수님이 나에게 말했다.

"도련님도 동서한테 꼭 이렇게 말해 주세요. 형님이 우리 애들 대학 갔을 때, 저한테 그러더라고요. '애들 이쁘게 키워줘서 고마워. 다 당신 덕분이야. 애들이 건강하게 자라서 대학에 들어가고 자기 앞가림하는 것이 대견해. 당신한테 참 고마워.'"

그 말을 듣고 형수님도 형님에게 "당신이 더 고생 많았지, 뭐"라고 말했다고 한다. 이처럼 돌이켜보면 오래 살아온 부부 사이에는 서로에게 고마운 일들이 많다.

힘이 되어주는 대화))))

조직에서 자기 생각대로 일이 잘 풀리지 않으면 스트레스를 받는다. 실적과 성과를 올려야 하는 부담 속에서 버텨나가기는 하지만 문득문득 숨이 턱까지 차오른다. 스트레스가 누적되면서 '화병'이 나고 '스트레스성 공황장애'가 온다. 이럴 때 배우자의 한마디는 큰 힘이 된다. 부부가 서로 힘이 된다면 남편이든 아내이든 사회생활을 하면서 든든한 버팀목이 된다.

나는 40대에 공황장애 진단을 받은 적이 있다. 회사에서 수도권 지역을 담당하는 영업팀장이었다. 내가 맡은 팀의 목표를 달성해야 본부가 목표를 달성하고, 회사 전체의 목표가 맞춰지는 상황이었다. 극심한 스트레스에 시달리던 어느 날 퇴근길 운전 중에 갑자기 온몸에 힘이 빠지고 과호흡이 일어났다. 자칫 교통사고가 날 것 같았다. 내비게이션을 겨우 설정하고 곧바로 응급실로 향했다. 이후에 큰 병원으로 옮겨 정밀검사와 정신과 검사를 받은 결과 공황장애라는 진단이 나왔다. 하지만 의사가 권하는 우울증 약을 먹지 않았다. 약을 먹으면 끊기가 어렵다고 해서 먹지 않고 견뎌보기로 했다. 공황장애에 대한 정보를 알기 위해 인터넷 사이트를 검색하다 약을 먹지 않고 이겨낸 사례를 볼 수 있었다.

"나는 공황장애를 이겨냈습니다. 약에 의존하기는 싫었습니다. 공황장애가 어떻게 왔는지 모르겠습니다. 나도 모르게 갑자기 찾아온 공황장애입니다. 그래서 좋은 생각과 좋은 말을 하고 좋은 이야기를 듣는다면, 나도 모르게 지나갈 것이라고 생각했습니다. 지금은 그 공황장애라는 녀석이 저도 모르게 떠났습니다. 힘내세요, 여러분. 이겨낼 수 있습니다."

그때부터 시간이 날 때마다 자주 걸었다. 좋은 생각을 하기 위해서였다. 그리고 아내에게도 공황장애 약을 먹지 않고 이겨내려고 한다고 전했다. 아내가 나에게 자주 해준 말이 있다.

"당신 이겨낼 거야. 당신 믿어. 당신 잘할 거야."

6개월 동안 무척 힘들었지만 증상이 차츰 좋아졌다. 비행기를 타기도 힘들었는데, 출장이니 어쩔 수 없었다. 비행이 끝나고 착륙했을 때 우울증 약은 내 손에 쥐어져 있었다. 끝까지 약을 먹지 않고 버틴 것이다. 조금은 울컥했다. 나도 모르게 왔던 공황장애가 나도 모르게 떠나가고 있다는 것을 느낄 수 있었다. 이후 공황장애 증상은 완전히 사라졌다.

일에 집중하다 보면 친구들과의 만남도 줄어든다. 각자 일과 가정에서 신경 써야 할 부분들이 많기 때문이다. 그래서 부부 사이에 힘이 되는 말이 더욱 필요하다.

부부 사이에 힘이 되어주는 말은 어떤 것이 있을까?

"당신한테 고마워."　　　　"당신 덕분이야."

"사랑해요."　　　　　　　　"앞으로 잘할게."

"당신 좀 쉬어."　　　　　　"당신 닮았어(좋은 의미)."

"괜찮아, 이까짓 거 뭐."　　"당신 믿어. 이겨낼 거야."

"밥은 잘 먹었어?"　　　　　"당신이 제일 멋있어!"

"살살해, 무리하지 말고."　　"당신은 참 대단해."

"당신은 참 성실해, 꼼꼼해."

이외에도 힘이 되는 말은 수없이 많다. 서로에게 힘이 되는 말을 더 많이 찾아보자. 그리고 하루에 한 가지씩 말해 보자. 어려운 일이 있더라도 말 한마디가 이겨낼 힘을 준다.

자식으로서의 말습관

40대가 되면 연로하신 부모님에 대한 자식의 역할도 조금 달라진다. 내가 30대에 부모님은 60대셨지만, 40대가 되자 부모님은 70대가 되셨다. 60대는 아직 신체적으로 큰 문제가 없고 무리하지 않는 범위 내에서 원하는 활동도 충분히 할 수 있다. 하지만 70대는 다르다. 신체적으로 아픈 곳이 많아지고 마음도 약해지니 걱정도 늘어난다. 그래서 40대가 되면 예전보다는 부모님에 대한 말습관이 달라져야 한다.

자주 대화하는 습관))))

우선 부모님과 대화하는 횟수를 늘리는 것이 좋다. 직접 찾아뵈면 좋겠지만, 가정을 꾸리고 바쁘게 생활하다 보면 시간이 여의치 않다. 그 대신 자주 전화를 드리자.

나는 부모님께 하루 두 번, 아침 출근길에 한 번, 저녁 퇴근길에 또 한 번 전화를 드린다. 아침저녁으로 전화를 드리기 시작한 것은 40세가 되던 해부터였다. 처음에는 전화를 거의 안 하던 아들이 전화하니 무슨 일이 있냐며 어색해하셨다. 나 역시 무슨 말을 해야 할지 고민도 되고 신경도 쓰였다.

"어젯밤 잘 주무셨어요? 어제 비가 많이 온 것 같은데요?"

"여기는 비 많이 안 왔어. 근데 오늘 많이 온다니 조심해."

"아침 식사는 하셨어요? 뭐 드셨어요?"

"이제 먹으려고. 아욱 된장국하고 뭐 간단히 먹지."

"저 지금 출장 가는데요, 오늘 날씨 어떻대요?"

"태풍이 올라온다네. 조심히 출장 갔다 와."

"말복이 얼마 남지 않았는데, 처서는 언제래요?"

"가만 보자, 말복이 다음 주고 처서는 또 금방이지."

"지금 출근하는 길이에요. 별일 없으시죠?"

"응, 아침에 잠깐 운동 갔다 이제 들어왔어."

"저녁에 또 전화드릴게요."

"그래, 조심하고."

날씨가 어떤지, 식사는 하셨는지 물으면 부모님도 간단히 대답하신다. 특별히 할 말이 없더라도, 설령 한두 마디로 끝나더라도 자주 전화를 드리는 것 자체가 중요하다.

고맙고 감사한 마음의 대화))

부모님께 고맙고 감사한 한편으로 서운한 마음이 있을지도 모른다. 하지만 40대가 되면 서운한 감정은 잊고 고맙고 감사한 마음만 기억하자. 20~30대에는 아직 세상을 겪어보지 못했기에 부모님에 대한 서운한 감정이 들기도 한다. 하지만 40대가 되면 인생이 내 맘대로 되지 않는다는 것을 느끼며 부모님의 심정도 이해할 수 있다. 계속 나이가 들어가면서 나도 어쩔 수 없이 부모님처럼 될 것 같다는 생각을 하면 서운한 감정보다 안쓰러운 마음이 든다. 감사한 마음으로 대화하면 부모님과의 관계가 좋아지고, 내 마음도 한결 편안해진다.

> "아버지 세대는 전쟁까지 겪으시고, 참 대단하세요. 연탄도
> 때보시고, 석유난로도 쓰셨고, 가스레인지도 쓰셨고, 전화기,
> 삐삐, 지금은 스마트폰도 쓰시잖아요."
> "우리 옛날에는 산에서 나무를 해다 아궁이에 불도 땠어. 연
> 탄은 좀 지나서 나왔지."
> "아버지 세대가 고생하셔서 우리 세대는 보릿고개 같은 배고
> 픔은 모르고 자랐네요."
> "내가 왜 수제비하고 감자를 안 먹느냐면 어릴 때 밥 대신 하
> 도 먹어서 그래. 전쟁 후에 먹을 게 뭐가 있었겠어?"

　20대까지는 부모님의 영향 아래 성장하지만 독립하고 40대
가 되면 나의 선택에 따라 인생이 결정된다. 그러니 부모님을
원망할 이유도 없다. 부모님께 감사한 마음을 가지면 자연스럽
게 좋은 말습관이 길들여질 수 있다.

아이들과 연결해 드리는 대화))）

자식이 전화드리는 것만으로도 부모님은 좋아하시지만, 손주의 목소리를 듣는 것은 또 다른 즐거움이다. 나는 시간을 따로 내지 않고, 차를 타고 이동하면서 부모님과 아이들을 전화로 연결한다. 이런 경우 몇 가지 장점이 있다.

첫째, 부모님이 무척 좋아하신다. 손주가 "할아버지 할머니, 안녕하세요"라고 인사하면 부모님의 목소리가 매우 높아진다. "아이고, 우리 손주구나. 나중에 맛있는 거 사줘야겠구나. 밥은 잘 먹고 다니니?" 부모님께서는 어떤 보약보다 아이들과의 전화 통화에 기운을 낸다.

둘째, 아이들에게 큰 교육이 된다. '어른을 공경해라' '너희들 나중에 엄마 아빠한테 잘할 거야?'라는 말을 할 필요 없다. 요즘 아이들은 형제도 별로 없고, 어른들의 관심을 독차지하다 보니 어른들을 어떻게 대해야 하는지 배울 기회가 별로 없다. 평소에 엄마 아빠가 할아버지 할머니에게 전화드리는 모습을 보여주는 것은 그 어떤 책이나 학교에서 배우는 것보다 소중하고 값진 교육이다.

셋째, 자식으로서 중간 역할을 다했다는 마음을 가질 수 있다. 과거에 나의 버킷리스트 중 하나가 '삼대가 목욕탕 가는 것' 이었다. 70세의 아버지와 40세의 나, 그리고 9세 아들이 함께 목욕탕에 갔다. 한 줄로 앉아서 할아버지 등을 손자가 밀고 나는 아들의 등을 밀어주었다. 내가 중간에서 무언가 역할을 제대로 하고 있다는 마음이 들었다. 대화도 마찬가지다. 아이들이 할아버지 할머니와 대화할 수 있도록 중간에서 연결하는 역할을 한다. 내 아이가 보고 배운다면 이것은 곧 나를 위한 행동이기도 하다.

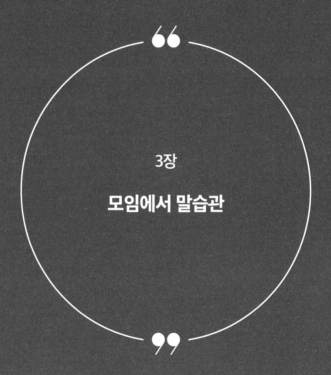

3장

모임에서 말습관

균형감 있는 말습관

    평소에 모범적인 행동으로 존경받던 선배가 있다. 그는 '20대는 열정을 가지고 일하고, 30대는 전문성을 가지고 일하고, 40대부터는 균형감을 가지고 일해야 한다'는 신념을 가지고 있었다. 40대는 특히 일과 가정, 건강, 인간관계 등을 두루두루 챙기면서 전체적으로 적절한 균형이 필요하다고 했다. 후배들도 누구 하나만 편애하지 말고 골고루 잘 대해 주라고 조언했다.

    40대부터는 지인 관계에서 특히 균형감이 필요하다. 물통이 한쪽으로 기울면 물이 쏟아지는 것처럼, 관계에서 균형을 잃으면 전체가 무너질 수 있다.

조직 내 균형감을 확보하라))

리더는 성과를 내면서도 균형감을 갖춰야 한다. 영업팀 리더라면 영업팀의 입장만 주장할 것이 아니라 영업을 지원하는 부서의 입장도 이해해야 한다. 어느 한쪽에 치우치지 말자. 마케팅팀 리더라면 연구개발 조직의 입장도 이해하면서 업무를 조율해 나가야 한다. 조직의 전체적인 모습을 그릴 줄 아는 리더가 경영진의 신뢰를 얻는다.

균형감 있는 리더는 주변 사람들과 마찰도 없을뿐더러 이해관계자들과도 원만하다. 내부의 관련 부서와 외부의 고객, 정부기관과의 관계 등을 함께 고려하여 일을 추진하기 때문이다.

정치나 종교, 가치관이 달라도 균형 있는 말습관))

유난히 정치에 관심이 많은 지인이 있다. 새로 만난 사람도 어느 정도 가까워지면 어느 쪽 진영인지를 따지며 자신의 정치적 성향을 강요한다. 자신과 반대 성향이라면 흑백논리로 공격하니 건설적인 대화가 이어지지 않는다. 급기야 사람들은 그와의 대화를 일부러 피하게 되었다.

종교도 마찬가지다. 자신이 믿는 신앙만이 살길이라고 하는 사람들이 있다. 그들이 믿는 곳은 천국이고 나머지는 지옥이라고 한다. 이런 사람과는 어떤 말을 해도 대화가 되지 않는다.

음식도 마찬가지다. 채식주의자이거나 생선회를 못 먹는 것도 각자의 체질이고 성향이다. 이유를 따지거나 강요할 수 없는 문제다. 그런데도 우리는 너무 쉽게 말을 던진다.

정치적 성향을 잘잘못으로 가릴 수는 없다. 상황에 따라 균형 있게 바라보자. 정당에 따라 잘한 정책이 있을 것이다. 다른 종교도 인정해 주어야 한다. 기독교도 처음에는 이단으로 취급받았다. 어떤 종교를 믿든 각자의 자유로 존중해 주어야 한다.

분위기가 좋고 잘 유지되는 모임은 균형감 있는 대화를 나누고 행동한다. SNS에서도 균형감 없는 사람들이 안티가 많다. 지인 관계에서는 특히 가치관이 달라도 균형감을 유지하도록 노력하자.

균형감 있는 말습관이 주는 장점)))

지인 관계에서 균형감 있는 말습관은 다음과 같은 장점이 있다.

첫째, 신뢰감을 준다. 어느 한쪽에 치우치지 않으니 사물이나 문제를 객관적으로 바라본다. 한 달에 한 권의 책을 선정해 읽고 공부하는 모임이 있다. 독후감을 발표하는 시간에는 하나의 주제에 대해 다양한 의견이 오고 간다. 이 자리에서 매번 균형감 있게 말하는 사람이 있다. 그가 말할 때는 사람들이 깊은 신뢰감을 가지고 경청한다. 객관적이고 사실에 근거해서 말하니 신뢰가 높아질 수밖에 없다.

둘째, 조화롭게 관계를 유지한다. 어느 쪽과도 충돌하지 않으니 두루두루 잘 지낸다.

셋째, 해결과 협력을 도와준다. 양쪽에서 주장하는 내용에 대해 가운데에서 적절하게 분위기를 맞춰줌으로써 갈등이 생기지 않는다.

넷째, 자기조절과 성숙함을 보여준다. 상대방의 의견에 대해서도 열린 마음으로 들으려는 모습을 보여준다.

들어주는 말습관

내가 가진 고민이나 상담을 잘 들어주는 사람이라면 자주 만나 이야기를 나누고 싶다. 주변에 내 말을 잘 들어주는 사람은 누구인가? 당신은 상대의 말을 잘 들어주는 사람인가?

자주 만나 들어주는 습관))))

40대가 되면 친구들의 상황이 많이 달라진다. 20대와 30대에 친하게 지냈던 친구들이라도 40대가 되면 관계가 예전 같지 않다. 사는 지역이 멀거나 바쁘게 살아가다 보면 만날 시간이 없어 점점 멀어진다. 사회적인 수준 차이로 거리가 멀어지는 경우도 있다. 어떤 친구는 사업이 잘되고, 또 어떤 친구는 안정된 직장에서 일하고 있다. 반면 사업이 힘들어서 허덕이거나, 직장을 잃은 친구도 있기 마련이다. 그럴수록 자주 만나 친구들의 이야기를 잘 들어주는 것이 좋다.

대학 학부 동창 친구들이 오랜만에 만났다. 15년도 지난 학창 시절 이야기를 즐겁게 나누었다. 대화의 비중이 한 사람에게 쏠리지 않고 서로의 이야기를 경청하고 공감해 주었다. 다음 날 친구들 중 한 명에게 전화가 왔다. 어제의 모임이 힐링이 되어 좋은 시간을 보냈다는 이야기였다.

거울이 되어주는 말습관))

유유상종(類類相從)이라고 친구를 보면 내가 보인다. 영어 숙어 중 'be known by'는 '친구를 보면 그 친구를 안다'는 의미다. 내가 잘 들어주면 내 이야기도 잘 들어주는 친구가 옆에 있다. 그래서 서로가 거울이 된다. 옆에 있는 친구의 모습이 당신의 모습이다. 옆에 있는 친구가 평소에 하는 말이 당신의 말일 수 있다. 친구에게 좋은 거울이 되기 위해서라도 잘 들어주는 좋은 말습관을 갖도록 하자. 내가 어떤 모습인지를 보려면 내 친구가 지금 어떤 모습인지를 돌아보면 된다.

　서로가 상대의 이야기를 들어주지 않고 각자의 이야기만 하려 한다면 친구 사이는 서서히 멀어진다. 대화의 중심이 한쪽으로 흘러가는 사이에 관계가 소원해지는 것이다. 이제부터 친구를 만나면 서로의 안부를 묻고 친구의 이야기를 경청해 보자.

매력적인 말습관

매력적으로 말한다는 것은 대화를 나누면 재미있고 배울 점이 많다는 뜻이다. 매력적으로 말하는 사람은 상대방을 즐겁고 유쾌하게 만든다. 그의 말속에는 재미뿐 아니라 세상을 이해하는 지혜도 들어 있다. 내가 가지고 있지 않은 지식이나 새로운 관점으로 이야기하는 사람들에게 매력을 느끼게 된다.

기본적으로 존중이 있는 말습관))）

매력적으로 말하는 사람은 기본적으로 상대방의 의견을 존중해 주는 기본적인 자세를 가지고 있다. 나의 존재를 존중해 주니 매력적이고 끌리는 것이 당연하다.

> "내가 요즘 잘살고 있는지 모르겠다. 애들이 중학생이 되니 공부한답시고 대화가 줄어들고, 아내는 애들만 챙기는 것 같아."
>
> "가족들이 자기 일에 집중할 수 있는 것도 다 네가 잘하고 있기 때문이야. 공부하는 시기라서 그래. 나중에는 오지 말라고 해도 돌아와. 너의 노력이 어디 가지 않아. 지금까지 누구보다 잘해 왔고 가족들도 다 알고 있을 거야. 지금은 가족들이 모두 바빠서 그래. 이참에 너도 자기만의 시간을 가져보는 건 어때?"

친구뿐 아니라 사회에서 만난 선후배 사이에서도 상대방을 존중하는 자세가 필요하다. IT 관련 사업을 하는 선배님 중 한 분은 꽤 많은 부를 이루었는데도 상대방을 존중하는 태도가 몸에 배어 있다.

> "선배님, 제가 회사 근처로 찾아뵙겠습니다. 언제가 좋으실까요?"
>
> "후배님 좋은 시간을 말해 보세요. 제가 맞춰보겠습니다. 오랜

만에 오는데 여유 있게 식사하면서 이야기 나눕시다. 우선 약속을 정하고 후배님 일정에 변경사항이 생기면 알려주세요."

상대방에게 강요하거나 부담을 주는 법이 없다. 나이가 많든 적든, 많이 배우든 적게 배우든 상대방의 의견과 결정을 최대한 존중한다.

센스 있는 말습관))

매력적인 사람은 센스 있는 말습관을 가지고 있다. 어떤 고민을 털어놓으면 새로운 관점으로 머릿속을 시원하게 해준다. 그러면서도 유쾌함을 더해 준다. 위기의 순간을 기회로, 부정적인 분위기를 긍정적으로 바꿔준다.

"상무님이 마케팅 계획이 마음에 안 드시는지 이것저것 지적하시네. 여차하면 때려치울까 봐. 더 이상 다니기가 힘드네."
"상무님이 드디어 이 팀장 때문에 긴장하시나 본데? 이 팀장이 너무 잘하니까 상무님이 긴장 안 하실 수가 없지. 이 팀장이 상무님 잘 보듬어가면서 잘해 봐."

이렇게 센스 있게 위로해 준다. 상대방을 높여주면서 잘할 수 있을 것이라는 메시지를 주는 것이다.

나이가 들수록 감정이 굳어지면 표현력도 부족해진다. 센스 있는 말습관으로 분위기를 살리는 연습을 해보자. 다양한 상황에서 양념 역할을 하는 센스를 발휘해 보자.

상황	센스 있는 한마디
감사할 때	감사합니다. 고맙습니다. 기뻐요. 감동적입니다.
격려할 때	힘내세요. 잘하고 있어요. 이제 잘될 거예요.
이해할 때	저도 그렇게 생각합니다. 말해 줘서 좋네요.
칭찬할 때	대단해요. 잘했어요. 멋집니다. 좋네요.
제안할 때	도와드릴까요? 함께하시죠. 연락 주세요.
관심 갈 때	어떻게 지내셨어요? 잘 지내셨지요?
웃음 줄 때	덕분에 너무나 즐겁습니다. 좋아요.
인사할 때	안녕하세요. 잘 계셨죠? 좋은 하루 되세요.
도움 제안	혹시 좀 도와주실래요? 어떻게 하는 거죠?

40대 리더가
준비해야 할 것

지금의 자리에서 인정받기

리더는 현재의 자리에서 꾸준히 인정받을 수 있도록 최선을 다해야 한다. 조직에서 리더의 직급은 30대 중·후반에서 40대 후반까지 걸쳐 있다. 대부분 가정을 꾸려 아이가 있고, 자녀교육에서 벗어나지 못하는 시기다. 결혼하지 않았더라도 크게 다르지는 않다. 40대 이후의 삶을 어떻게 그려야 할지 고민하는 것은 마찬가지다. 불투명한 미래를 준비하는 최고의 방법은 지금의 자리에서 인정받는 것이다.

최고의 전성기로서 40대를 발전시켜라))

현재의 성과에 집중하는 것이 가장 현명한 행동이다. 현재를 최고의 전성기로 만들어라. 현재의 성과가 가까운 미래에 커다란 영향을 줄 것이다.

현재를 최고의 전성기로 만들어내는 리더는 조직에서 한 단계 더 높은 위치로 승진할 가능성이 크다. 팀장의 자리에서 임원급으로 승진하는 것이다. 임원의 자리에 올라가면 팀장 때와는 다른 많은 혜택과 권한을 부여받는다. 확연히 다른 위치에서 더 큰 영향력을 발휘해 더 많은 성과를 올릴 수 있다. 더 높은 지위에 있는 사람들을 만나기도 쉽고 사회적으로 폭넓은 관계를 형성할 수 있다.

또한 40대의 경력과 성공 경험은 이직할 때 큰 무기가 된다. 팀장 이상의 리더들은 이직할 때 성과를 숫자로 보여줄 수 있어야 한다. 꼭 숫자가 아니더라도 본인이 만들어낸 혁신적인 행동이나 최초로 실행한 일, 시범 운영, TFT 팀장 등의 경력이 이직에 도움이 된다.

40대의 성과는 50대에 새로운 일을 하기 위한 밑바탕이 된다. 40대에 IT 솔루션 회사 팀장을 지내다 개인사업을 시작해

지금은 꽤 큰 규모의 회사를 운영하는 대표도 있다. 제조회사에서 팀장으로 일하다 퇴직 후 유통 관련 대리점 대표로 변신해 성공적으로 사업을 운영해 나가는 경우도 있다.

현재에 집중하라. 최고의 성과를 남기는 것이 중요하다.

외부와의 네트워크에 관심을 가지고 참여하라))

현재의 자리에서 전문가로 인정받기 위해서는 외부 네트워크에도 신경 써야 한다. 조직 내에서만 인정받는 우물 안 개구리가 되지 말자. 해당 산업 내에서 더 큰 규모의 회사나 유사한 분야의 관계자들과 만남을 통해 자신의 업무 능력과 역량을 객관적으로 가늠해 볼 수 있다. 이를 통해 리더로서 어떤 부분이 부족한지, 어떤 부분을 잘하고 있는지 알 수 있을뿐더러, 조직 구성원들의 강점과 약점을 비교해 볼 수 있다.

외부 네트워크에 관심을 가져야 하는 두 번째 이유는 현재의 자리에서 최고의 성과를 내는 데 필요한 아이디어와 근거를 확보할 수 있기 때문이다. 리더가 혼자 고민하며 일주일 동안 고생할 것을 외부 네트워크를 통해 간단하게 해결할 수 있다. 다른 회사의 성공 사례를 벤치마킹해 우리 조직에 적용해 볼 수도 있다. 실행과정에서 문제점이 될 만한 사안을 사전에 예방할 수도 있다.

외부 네트워크를 통해 추가로 얻을 수 있는 장점은 산업의 트렌드를 빨리 따라잡을 수 있다는 것이다. 해당 산업의 동향은 어떤지, 다른 기업들은 어떻게 대비하고 있는지를 파악해 향후 계획을 세운다면 뒤처지지 않을 것이다.

외부 네트워크는 관련 학회나 세미나 참여를 통해 만들어갈 수 있다. 하지만 바쁜 업무 때문에 참석하기 어렵다면 관련된 책을 읽거나 SNS나 블로그를 통해 연락해 볼 수 있다. 한두 사람만 잘 연결되면 그들을 통해 다른 사람을 소개받을 수도 있다. 리더는 외부 네트워크를 통해 스스로 자극받고 동기부여가 될 수 있다.

미래에 대한 준비가 필요하다

직장생활은 결국 마침표가 있다. 특히 40대는 미래에 대한 준비가 필요한 시기다. 40대를 정신없이 바쁘게 살아가다 보면 마침표는 금세 코앞에 다가온다.

우선 현재의 자리에서 최고의 성과를 유지하는 것이 중요하다. 하지만 그것만으로는 부족하다. 미래에 어떤 삶을 살 것인가에 대한 그림을 그려놓고 준비해야 한다.

마침표가 있는 직장생활은 준비가 답이다))

사회에서 만난 리더 한 분은 지금의 직장이 너무 바빠 퇴직 이후의 삶을 준비할 시간이 없다고 했다. 심지어 이직하고 싶은데 다른 회사를 알아볼 시간도 없다는 것이다. 아침 8시에 출근해 저녁 10시까지 일하고, 주말에도 토요일에 출근해 월요일 회의에 필요한 보고서를 만든다고 했다.

'시간이 없으면 만들면 되지 않은가?'
'지난주 일주일 동안 의미 있었던 일은 무엇이었나?'
'미래를 위해 준비해야 하는 일을 하나 이상 적어보라.'

그와 함께 일에 대한 중요도와 긴급도에 대해 이야기를 이어갔다. 일주일 동안 자신이 한 일을 사소한 것까지 모두 적어보라고 했다.

리더는 업무와 개인생활을 통합적으로 관리해야 효율적으로 시간을 쓸 수 있다. 반복되는 업무와 여러 사람과 함께해야 하는 미팅은 통합했다. 본인이 꼭 챙겨야 하는 업무, 즉 긴급도와 중요도(당면한 임원회의 자료 검토, 현장에서의 의사결정 등 마감이 있는 일)가 있는 업무는 본인이 직접 진행했다. 중요하지만 긴급도가 낮은 일(기한 여유가 있는 보고서, 고객 행사 준비 등 통상적인 일), 중요도가 낮으면서 긴급한 일은 후배에게 과감히 위임했다. 이를 통해 직장생활 이후를 준비할 자신만의 시간을 만들었다.

리더는 먼저 자신이 좋아하는 일과 잘할 수 있는 일을 구분할 줄 알아야 한다. 스왓(SWOT) 분석을 해봐도 좋다. 본인의 강점과 약점, 기회와 위협을 나눠서 적어보자. 좋아하는 일은 취미로 하고, 잘할 수 있는 강점은 더욱 강화하는 방법으로 미래를 준비하자. 좋아하면서 잘할 수 있는 일이라면 더욱 좋다.

본인의 전문성을 활용하라))

자신의 취미를 전문적으로 살려서 성공한 사례가 있다. 외국계 제약회사를 다니면서 40대 초반부터 스킨스쿠버를 시작해 40대 중반에는 레스큐(rescue) 자격, 강사 자격까지 취득하며 직장생활 이후의 사업을 준비했다. 자신이 좋아하고 잘하는 일로 미래를 준비한 것이다. 평소 학습에 대한 열망이 있던 대기업 해외 주재원 출신의 A팀장은 주말을 이용해 대학원 석사를 졸업하고, 대학의 산학협력 교수로 채용되어 대기업과 학교를 연결하며 제2의 인생을 살고 있다.

직장에서 본인이 하던 일을 가지고 준비한 사례도 있다. 영업조직에 오래 있으면서 유통 프로세스 전문가로 알려진 B팀장은 큰 위험요소 없이 안정적인 대리점 사업을 시작했다. 식품회사 원재료 구매팀장이었던 C팀장은 귀농해 특수작물을 키우며 식품회사에 좋은 값으로 납품하면서 부농의 반열에 올랐다.

우리의 미래는 아무도 책임져 주지 않는다. 현재의 성과에 집중하면서 미래를 차근차근 준비하는 현명한 리더가 되어야 한다.

끝이 없는 인생에서는 공부가 답이다))）

직장생활은 끝이 있지만, 인생은 그보다 훨씬 더 길다. 그렇기에 끊임없이 공부해야 한다. 자신의 직업과 관련된 공부뿐 아니라 변화의 흐름을 읽을 수 있는 공부라면 더욱 좋다. 직장생활 이후의 삶을 위해 40대부터 공부해야 하는 몇 가지 이유가 있다.

첫째, 리더의 경쟁력을 높인다. 주말을 보내고 월요일에 습관처럼 하는 말이 있다. '주말에 뭐 했어?' '난 사회인 야구 다녀

왔는데' '주말 동안 캠핑 다녀왔는데'라는 대화들을 나눈다. 그런데 남들이 주말에 놀 때 공부를 했다면 한 걸음이 아니라 두 걸음 이상의 경쟁력을 가질 수 있다. 그렇다고 공부만 하자는 것은 아니다. 주말 중 하루 정도, 4주에 두 번 정도는 공부를 한다면 경쟁력이 훨씬 높아질 것이다.

둘째, 새로운 지식을 습득할 수 있다. 리더에게는 '학습 민첩성'이 요구된다. 리더가 학습을 멈추면 리더십의 역량 또한 멈추기 때문이다. 나이가 들어도 트렌드에 익숙하고, 디지털 활용 능력도 뒤처지지 않아야 한다.

셋째, 새로운 가능성을 탐색할 수 있다. 리더가 본인의 직업과 관련되거나 호기심을 가지는 분야에 대해 공부하다 보면 몰랐던 가능성을 발견하게 된다. 본인이 맡은 조직에서 생각지도 못했던 협업을 한다거나 탁월한 성과를 내는 아이디어를 떠올리기도 한다.

넷째, 삶의 만족도를 높일 수 있다. 어린 시절 도서관에서 늦게까지 공부하고 나왔을 때 느꼈던 뿌듯함을 떠올려보자. 취미로 공부를 시작해 자신의 잠재된 능력을 깨닫고 만족을 느끼는 사람도 있다.

40대 리더들에게 필요한 것은 불투명한 미래에 대한 철저한 준비다. 미래에도 능력을 인정받는 리더로서 후회하지 않는 삶을 살기 위해 학습은 선택이 아닌 필수임을 기억하자.

뉴 리더의 시대, 지시하지 말고 요청하라

리더의 말습관

초판 1쇄 발행 2023년 12월 20일
초판 3쇄 발행 2024년 7월 20일

지은이 이인우
펴낸이 백광옥
펴낸곳 ㈜천그루숲
등 록 2016년 8월 24일 제2016-000049호

주소 (06990) 서울시 동작구 동작대로29길 119
전화 0507-0177-7438 **팩스** 050-4022-0784 **카카오톡** 천그루숲
이메일 ilove784@gmail.com

기획/마케팅 백지수
인쇄 예림인쇄 **제책** 예림바인딩

ISBN 979-11-93000-30-4 (13320) 종이책
ISBN 979-11-93000-31-1 (15320) 전자책